MEINE SCHÖNSTEN GUTENACHT GESCHICHTEN

Dieses Buch gehört

MEINE SCHÖNSTEN GUTENACHT GESCHICHTEN

Entwurf: Katy Rhodes

Parragon
Queen Street House
4 Queen Street
Bath BA1 1HE, UK

Übersetzung aus dem Englischen: Anne Brauner, Köln
Redaktion und Satz: Kirsten Reinhold, Köln
Koordination: Antje Seidel, Köln

ISBN 1-40542-738-8

Printed in Indonesia

Inhalt

• • •

• • •

• • •

• • •

• • •

• • •

• • •

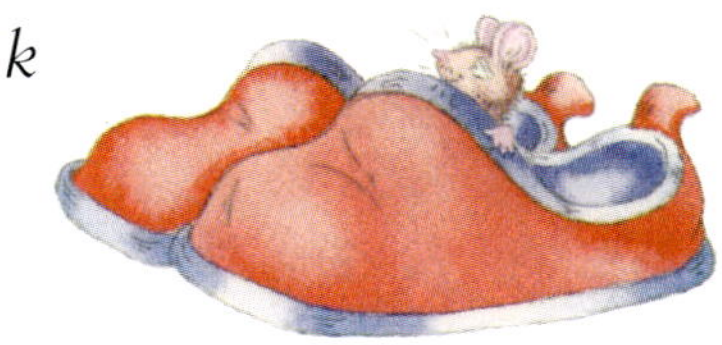

• • •

• • •

• • •

• • •

• • •

• • •

• • •

• • •

Der Froschkönig

Es war einmal eine kleine Prinzessin, die lebte allein mit ihrem Vater, dem König, in einem Land hinter den fernen Hügeln. Sie war zwar hübsch, aber leider war sie auch verzogen, denn ihr Vater erlaubte ihr alles, was sie wollte, und erfüllte ihr jeden Wunsch.

Sie hatte so viel Spielzeug, dass sie sich oft nicht entscheiden konnte, womit sie spielen sollte. Eines aber hatte sie viel lieber als alle anderen – ihre goldene Kugel.

Eines Tages spielte die kleine Prinzessin mit ihrer goldenen Kugel neben einem alten Brunnen mitten im Wald. Sie warf die Kugel in die Luft, fing sie wieder auf, und dabei lachte und gluckste sie.

Sie warf die Kugel immer höher, und plötzlich fiel sie PLATSCH in den Brunnen.

„Oh nein“, weinte die Prinzessin und schaute über den Brunnenrand in die Tiefe. „Ich werde sie nie wiederbekommen. Oh, ich würde alles dafür geben, wenn ich nur meine schöne goldene Kugel wiederbekäme.“

Auf einmal erschien wie durch Zauberei ein hässlicher Frosch auf dem Rand des Brunnens. „Warum jammerst du?“, quakte er.

Wie du dir vorstellen kannst, war die kleine Prinzessin ziemlich überrascht, als der Frosch sie ansprach.

„Was hast du gesagt?“, fragte sie unfreundlich zurück, denn sie mochte keine glitschigen grünen Frösche.

„Ich habe dich gefragt, warum du so jammerst“, sagte der Frosch ausgesprochen höflich.

„Es geht dich zwar nichts an“, sagte die Prinzessin, „aber meine goldene Kugel ist in den Brunnen gefallen, und ich gäbe alles im Königreich dafür her, sie wiederzubekommen.“

„Alles?“, fragte der Frosch neugierig.

„Alles“, antwortete

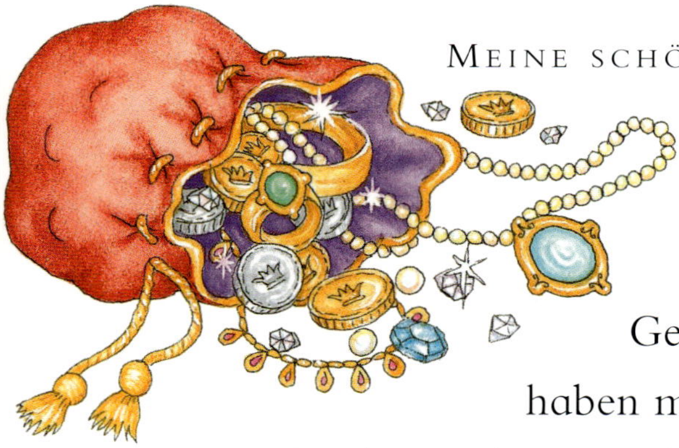

die Prinzessin angeberisch. „Schließlich bin ich die Königstochter. Sprich es nur aus. Juwelen, Geld, Land – ich kann dir alles geben, was du haben möchtest. Aber ich kann mir nicht vorstellen, wie ein glitschiger alter Frosch meine goldene Kugel zurückholen soll."

„Aber ich", sagte der Frosch. „Und zur Belohnung fordere ich nur, dass ich von deinem Teller essen und drei Nächte auf deinem Kopfkissen schlafen darf."

„Selbstverständlich, gerne", sagte die Prinzessin – allerdings mit heimlich überkreuzten Fingern, denn sie sah überhaupt nicht ein, warum sie ein Versprechen halten sollte, das sie einem glitschigen Frosch gegeben hatte.

Also sprang der Frosch ins Wasser und kam bereits nach wenigen Minuten mit der goldenen Kugel im Maul wieder an die Oberfläche.

„Hurra", rief die Prinzessin, schnappte sich den Ball und rannte fort, bevor der Frosch auch nur „Quak" sagen konnte.

„Warte auf mich", rief der Frosch ihr nach. „Denk an dein Versprechen."

Aber es hatte keinen Zweck. Die verzogene kleine Prinzessin hatte

ihn bereits vergessen. An jenem Abend wollten der König und die Prinzessin gerade zu Abend essen, als es an die Tür klopfte.

„Lass mich rein, Prinzessin", quakte eine bekannte Stimme. „Wer ist das denn?", fragte der König. „Hast du einen Freund eingeladen?"

Da erzählte die Königstochter, die ihrem Vater immer die Wahrheit sagte, was am Brunnen geschehen war.

„Dann musst du ihn auch hereinlassen", ermahnte sie der König. „Du hast es ihm versprochen, und Versprechen muss man immer halten."

Die kleine Prinzessin öffnete die Tür, und der Frosch hüpfte hinein. Erschrocken sah die Prinzessin zu, wie der Frosch durchs Zimmer hüpfte und schließlich auf den Tisch sprang. „Hmmm! Das sieht aber lecker aus", sagte er und fing an, vom Teller der Prinzessin zu essen.

„Bäh! Ich habe keinen Hunger mehr", sagte die Prinzessin und wandte sich weg vom Frosch, der ihr leckeres Abendessen auffraß.

Als sie schlafen ging, versuchte die Prinzessin, ohne ihren Besucher die Treppe hinaufzuschleichen.

„Prinzessin!", rief der König ihr nach. „Ich glaube, du hast jemanden vergessen!" Da musste die kleine Königstochter wieder umkehren und den Frosch mit ins Schlafzimmer nehmen. Sie setzte ihn auf ihr Kopfkissen.

„Bäh!", sagte sie, als sie ins Bett ging und ihren Kopf neben dem Frosch aufs Kissen legte. Sie glaubte fest, dass sie mit einem hässlichen glitschigen Frosch auf dem Kissen nie im Leben einschlafen könne. Aber, ob ihr es glaubt oder nicht, schon nach wenigen Augenblicken träumte sie wunderbar von einem geheimnisvollen Prinzen.

Am nächsten Abend teilte die Prinzessin wieder ihr Abendessen mit dem Frosch. Dieses Mal gelang es ihr sogar, selbst auch ein Häppchen zu essen, und später nahm sie den Frosch mit hoch in ihr Zimmer und sagte ihm vor dem Einschlafen Gute Nacht.

In der dritten Nacht kam der Frosch wieder. Dieses Mal fütterte die Prinzessin ihn mit ihrem goldenen Löffel. Vor dem Schlafengehen las sie dem Frosch eine Gutenachtgeschichte vor. Langsam mochte die Prinzessin den Frosch immer lieber.

Am nächsten Morgen erwachte sie und staunte, als statt des Frosches ein schöner Prinz sie ansah.

Der Prinz erzählte ihr, dass ihn eine böse Hexe in einen Frosch verwandelt und geschworen habe, er sollte so lange ein Frosch bleiben, bis eine Prinzessin ihn von ihrem Teller essen und in ihrem Bett schlafen ließe.

Als der König die Geschichte hörte, war er überglücklich, weil seine Tochter ihr Versprechen gehalten und damit den Zauber gebrochen hatte. Er freute sich noch mehr, als der Prinz ihn fragte, ob er die Prinzessin heiraten dürfe. Und die Königstochter selbst? Nun, sie freute sich, dass ihr Frosch sich in den schönen Prinzen verwandelt hatte, und versprach, nie wieder ungezogen und unfreundlich zu sein.

Und so kam es, dass der Prinz und die Prinzessin heirateten und glücklich waren bis an ihr Lebensende.

Sophie im Spielzeugland

Sophie war sehr traurig, weil sie Peter, den Pandabären, nirgends finden konnte. Sie nahm ihn jeden Abend mit ins Bett, denn er war ihr Lieblingskuscheltier. Es war längst Schlafenszeit, aber Sophie konnte sich nicht vorstellen, wie sie ohne ihn einschlafen sollte.

Sophie stieg auf ihr Schaukelpferd Beauty und schaukelte traurig hin und her. Als sich ihre Augen mit Tränen füllten, wusste sie plötzlich nicht mehr, wie ihr geschah – irgendetwas veranlasste sie, immer schneller zu schaukeln. Sie schloss die Augen. In ihren Ohren rauschte es gewaltig, und kurz darauf taumelte sie kopfüber durch die Luft, bevor sie langsam zu Boden sank und auf etwas Weichem landete.

Sophie blinzelte. Wo war sie bloß?

„Hallo Sophie", brummte eine Stimme über ihrem Kopf.

Sie öffnete die Augen

und blickte hoch. Über ihr ragten Bettpfosten empor. Wie groß ihr Bett geworden war! Unter der Decke schaute Großer Bär hervor. Neben ihm lag Bärchen.

„Hallo Sophie", quiekte Bärchen.

Ihre Teddys konnten sprechen! Sophie sah sich um. Sie war winzig klein geworden.

„Hilfe!" Sie schnappte nach Luft. „Ich bin klein! Ich bin geschrumpft!" Sie fing an zu weinen.

„Hallo Sophie, willkommen im Spielzeugland", rief jemand von der anderen Seite des Zimmers. Das war Samantha, Sophies Puppe.

„Du bist ja genauso groß wie ich", stieß Sophie hervor. „Ich bin nicht einmal mehr größer als meine Puppe! Was ist hier los?"

„Weine nicht", sagte Samantha freundlich. „Du bist im Spielzeugland, das ist alles. Hier sind wir alle klein. Du wirst wieder groß, wenn Beauty dich nach Hause bringt."

Sophie sah sich um. Neben ihr stand Beauty und war genauso klein wie sie. „Achtung, da unten!", rief Großer Bär. „Wir kommen runter", quiekte Bärchen.

Großer Bär band das eine Ende einer Kordel an einen Bettknauf und ließ das andere Ende herunterhängen. Es war die Kordel von Sophies Morgenmantel! Die beiden Bären kletterten daran herunter.

„Kommt, wir rufen die anderen Spielzeuge", schlug Samantha vor und rief: „Los, alle aufgewacht!"

Plötzlich wurden alle Spielzeuge in Sophies Zimmer lebendig. Ihre kleinen Puppen flitzten aus dem Puppenhaus heraus, und die Spielzeuge, die in einer Kiste verstaut waren, sprangen auf den Boden.

„Wir wollen spielen", sagte Großer Bär.

„Das macht Spaß", fand Sophie und spielte allerlei Spiele mit ihrem Spielzeug. Alle Puppen und Teddys machten mit. Alle, außer Peter, dem Pandabären.

„Wo ist Peter?", fragte Sophie auf einmal.

Sie suchten ihn überall, aber Peter, der Pandabär, blieb verschwunden.

Bestürzt sahen sie sich an. Plötzlich hörte Sophie ein leises Geräusch. Alle wurden still und lauschten.

„Da ruft jemand", sagte das Elfenpüppchen, das sehr gut hören konnte.

„Es kommt vom obersten Bücherbrett", sagte Sophie.

Nun drängten sich alle vor dem Bücherregal. Ein kleiner schwarzweißer Kopf erschien an der Spitze. Peter, der Pandabär!

„Ich komme nicht mehr runter“, quiekte er leise.

„Oh je“, sagte Sophie. „Ich habe dich wohl da hingelegt, als ich mein Zimmer aufräumen sollte.“

„Bitte, holt mich hier runter“, flehte Peter, der Pandabär.

„Wie denn?“, fragte Sophie. „Das Bücherregal ist so hoch, und wir sind so klein.“

„Ich weiß, wie“, sagte Großer Bär. Er sauste los und kam mit Sophies Feuerwehrauto zurück.

„Hiermit dürfte es gehen“, keuchte er.

„Eine tolle Idee!“, jubelte Sophie. Sie drehte an der Kurbel des Feuerwehrautos, sodass die Leiter immer länger wurde.

Wie eine richtige Feuerwehrleiter stieg die Leiter immer höher und höher, bis sie ganz oben an das Bücherregal stieß.

„Los, Peter, komm runter“, rief Samantha.

„Ooooh, ich traue mich nicht“, sagte Peter.

„Keine Angst“, sagte Großer Bär. „Ich hole ihn.“ Er kletterte

die Leiter hoch und nahm Peter huckepack.

Alle klatschten und jubelten, während Großer Bär mit Peter Sprosse für Sprosse herunterstieg.

„Gut gemacht!", sagte Sophie, umarmte den Teddy und gab ihm einen Kuss auf die Wange.

In diesem Augenblick ertönte aus der Uhr an der Schlafzimmerwand ein lautes „Kuckuck! Kuckuck! Kuckuck! Kuckuck! Kuckuck! Kuckuck! Kuckuck!"

„Schade", sagte Sophie. „Gleich ist Schlafenszeit. Ich muss gehen. Tschüss, ihr lieben Spielzeuge, danke für die schöne Zeit."

„Auf Wiedersehen!", riefen die Spielzeuge. „Komm bald wieder!"

Sophie stieg wieder auf den Rücken ihres Zauberschaukelpferdes und begann zu schaukeln. Im nächsten Augenblick stand sie wieder als großes Mädchen in ihrem Zimmer.

Großer Bär und Bärchen lagen am Fußende ihres Bettes und Samantha lehnte sich an das Feuerwehrauto am Boden. Die anderen Spielzeuge waren wieder dort, wo sie hingehörten.

Man hätte meinen können, dass Sophies Abenteuer im Spielzeugland gar nicht stattgefunden hatte, aber die Kordel ihres Morgenmantels hing noch immer am Bettknauf, und Peter, der Pandabär, lag gemütlich auf Sophies Kopfkissen.

Die glückliche Sophie war im Spielzeugland gewesen! Sie hatte ein großes Abenteuer mit all ihrem Spielzeug erlebt und auch noch Peter, den Pandabären, wieder gefunden. Jetzt konnte sie es nicht abwarten, von ihrem wunderbaren Abenteuer zu träumen.

König Drosselbart

Es war einmal ein König, der hatte eine wunderschöne Tochter. Er wollte sie mit einem Prinzen verheiraten und lud deshalb alle Prinzen von nah und fern ein, ihr Glück bei seiner Tochter zu versuchen.

Die Prinzessin aber machte sich über alle Prinzen lustig, die sie im Schloss besuchten. Einer hatte für ihren Geschmack ein zu rotes Gesicht, den nannte sie „Hahnenkamm". Einen anderen fand sie zu dünn und nannte ihn „Bohnenstange", und einen, dessen Bart ihr missfiel, nannte sie „Prinz Drosselbart".

„Nun seht euch dies Gewusel an", lachte sie und zog den Prinzen am Bart. Der Vater der Prinzessin wurde langsam wütend. „Mir reicht es", sagte er, „ich verheirate dich jetzt mit dem erstbesten Mann, der ans Schlosstor klopft."

Die Prinzessin glaubte nicht, dass

ihr Vater seine Drohung ernst meinte und lachte noch über „Prinz Drosselbart“, als alle Prinzen längst gegangen waren. Sie lachte immer noch, als der erste Mann, der ans Schlosstor klopfte, sich als ein Bettler in Lumpen erwies.

„Guter Witz!“, lachte sie, als ihr Vater ihr erklärte, dass sie den Bettler heiraten solle. Als aber ein Priester gerufen wurde, der sie trauen sollte, begriff sie, dass dem König nicht nach Scherzen zumute war, und hörte auf zu lachen. Und schon war sie verheiratet. „Aber wo sollen wir denn wohnen?“, heulte sie und funkelte wütend den Bettler an, der jetzt ihr Mann war.

„Keine Sorge!“, sagte er lächelnd. „Ich habe eine wunderschöne Hütte auf der anderen Seite des Waldes.“

„Eine Hütte!“, heulte die Prinzessin. „Ich kann doch nicht in einer Hütte leben!“

Da ihr Vater der Prinzessin keine andere Wahl ließ, musste sie von nun an doch in einer schäbigen Hütte wohnen.

Zu allem Unglück lag die Hütte auch noch in dem Königreich, das Prinz Drosselbarts Vater gehörte.

In der ersten Zeit hatte der Bettler Mitleid mit der Prinzessin und half ihr bei der Hausarbeit. Einige Tage später erklärte er ihr jedoch, dass sie von nun an alleine dafür zuständig sein würde, weil er arbeiten und Geld verdienen müsse. Wiederum einige Tage später teilte er ihr mit, sie müsse für ihren Lebensunterhalt selbst arbeiten und schickte sie auf den Markt, wo sie Tontöpfe verkaufen sollte.

Die Prinzessin hatte sich noch nie im Leben so geschämt. Sie hatte schreckliche Angst, dass jemand sie erkennen würde, und versteckte sich in der hintersten Ecke des Marktes. Dennoch verlief ihr erster Markttag sehr erfolgreich, denn ihre Schönheit lockte viele Leute an, die ihr Töpfe abkauften.

Am zweiten Tag stellte die Prinzessin ihren Stand an einem besseren Platz auf, an dem mehr Leute vorbeikamen. Aber das Unglück geschah, als ein Soldat über die Töpfe stolperte und sie alle zerschlug.

Als sie ihrem Mann erzählte, was passiert war, wurde er sehr böse. „Ich sehe schon, du bist zum Töpfe verkaufen nicht zu gebrauchen. Zum Glück ist es mir gelungen,

dir Arbeit als Küchenmagd im Königsschloss zu verschaffen."

Als Küchenmagd musste die Prinzessin Böden schrubben und haufenweise schmutziges Geschirr spülen. Sie arbeitete noch nicht lange im Schloss, als der König ankündigte, dass sein Sohn, der Prinz, heiraten würde. Das Schloss wurde mit den kostbarsten Edelsteinen geschmückt, und in der Küche wurden die feinsten Speisen gekocht. Während die Prinzessin bei den Hochzeitsvorbereitungen half, musste sie weinen. „Ich darf gar nicht daran denken, dass auch ich noch eine Prinzessin sein könnte, wenn ich bloß Prinz Drosselbart geheiratet hätte", schluchzte sie.

Als sie am Tag vor der Hochzeit durchs Schlosstor nach Hause gehen wollte, kam ein schöner Mann mit Bart auf sie zu und nahm ihre Hand. Er führte sie in den Ballsaal und fragte: „Darf ich um diesen Tanz bitten?" Die arme Prinzessin zitterte vor Scham, denn sie hatte in dem schönen Mann Prinz Drosselbart erkannt. Sie fürchtete, dass er sie jetzt ärgern wollte. Aber er hielt ihre Hand fest und schwang

sie über die Tanzfläche. Seine Freunde amüsierten sich prächtig – sie fanden es wirklich witzig von ihm, sich so über eine unbedeutende Küchenmagd lustig zu machen.

Die Prinzessin schämte sich so, dass sie am liebsten im Erdboden versunken wäre. Prinz Drosselbart aber sprach mit freundlicher Stimme auf sie ein: „Fürchte dich nicht“, sagte er lächelnd, „ich tanze nicht nur zum Spaß mit dir. Erkennst du mich nicht? Ich bin dein Mann, der Bettler. Ich habe mich verkleidet und an deines Vaters Tür geklopft, damit du mich heiraten musstest. Ich bin auch der Soldat, der all deine Töpfe auf dem Markt zerschlagen hat.“

„Warum hast du mir das alles angetan?“, weinte die Prinzessin.

„Weil ich dich liebe und dir deine dumme Art austreiben wollte. Außerdem wollte ich dir zeigen, wie kränkend es ist, ausgelacht zu werden. Aber nun ist das alles vorbei, und wir können doch noch Hochzeit hier im Schloss meines Vaters feiern.“

Die Prinzessin war wütend, aber sie sah bald ein, dass es eigentlich freundlich und richtig von Prinz Drosselbart gewesen war, sie von ihrem Stolz und ihrer gemeinen Art anderen gegenüber zu befreien.

Von diesem Tag an lebten Prinz Drosselbart und seine Prinzessin glücklich bis an ihr Lebensende. Mit der Zeit wurden sie König und Königin – das netteste Königspaar, das jemals das Königreich regiert hat.

Omas Zauberschrank

Jennas Oma war anders als andere Großmütter. Sie kam nur selten zu Besuch und backte niemals Plätzchen oder strickte bunte Pullover.

Nie im Leben!

Jennas Oma war nämlich Forscherin. Sie war ständig unterwegs zu irgendeinem verborgenen Winkel der Welt. Deshalb hatte sie gar keine Zeit für Besuche oder zum Plätzchenbacken wie andere Großmütter. Jenna machte das gar nichts aus. Sie fand ihre Oma einfach großartig.

Wenn sie Jenna zwischendurch besuchte, brachte sie immer die unglaublichsten Geschenke mit. Außerdem erzählte sie spannende Geschichten von ihren Abenteuern.

Jetzt kannst du dir sicher vorstellen,

wie aufgeregt Jenna war, als ihre Oma im Sommer für längere Zeit zu Besuch kommen sollte. Sie war gespannt, welche wundervollen Dinge ihre Oma diesmal mitgebracht hatte.

Aber das einzige, was sie mitbrachte, war der größte und hässlichste Schrank, den Jenna je gesehen hatte.

„Du hast doch nichts dagegen, wenn ich ihn hierhin stelle, oder?", fragte Oma und schob ihn in Jennas kleines Zimmer.

„Wozu brauchst du denn so einen großen Schrank?", fragte Jenna.

„Ach, man sieht den Dingen nicht immer an, was in ihnen steckt", sagte Oma mit einem Zwinkern. Aber Jenna hörte gar nicht richtig zu. Sie war nur damit beschäftigt, sich anzuschauen, wie sehr der Schrank ihr Zimmer verunstaltete.

Jenna warf dem Schrank vom Bett aus wütende Blicke zu, während ihre Oma eine Gutenachtgeschichte erzählte.

„... und so konnte ich gerade noch verhindern, dass der Tikutistamm den Schrank verbrannte", beendete die Oma ihre Geschichte. Ausnahmsweise hörte Jenna nicht zu, denn sie war wirklich ziemlich unglücklich.

Ihre Oma hatte vergessen, ihr etwas mitzubringen. Stattdessen hatte sie diesen grässlichen Schrank in Jennas hübsches Zimmer gestopft. Dabei hatte ihre Oma noch nicht einmal viele Anziehsachen.

Am nächsten Morgen bekam die Oma einen Brief.

„Wunderbar“, sagte sie, als sie ihn gelesen hatte. „Man hat mich gebeten, eine Expedition auf dem Katani flussaufwärts zu leiten. Das einzig Dumme ist, dass ich heute schon losfahren soll.“

Jenna war sehr traurig, als sie ihrer Oma zum Abschied winkte. Noch trauriger war sie allerdings, weil die Oma ihren schrecklichen Schrank nicht mitgenommen hatte.

Nachdem Jenna an diesem Abend ihren Eltern Gute Nacht gesagt hatte, setzte sie sich auf ihr Bett und starrte den Schrank an. Was wollte ihre Oma bloß mit diesem hässlichen Ding? Was bewahrte sie darin auf? Jenna war sicher, dass ihre Oma nichts dagegen haben würde, wenn sie mal kurz in den Schrank schaute. Sie glitt vom Bett und trippelte auf Zehenspitzen zum Schrank. Bevor sie ihn öffnen konnte, schwang die Tür schon von selbst auf. Aus dem Schrank schien ein leichter Wind zu wehen. Jenna schlich näher darauf zu. Hmmm, das duftete vielleicht – wie ein Wald.

Jenna kroch in den Schrank und

schob einen alten Regenmantel ihrer Großmutter beiseite.

Plötzlich spürte sie, wie sie fiel. Sie schloss die Augen und wartete auf den Aufprall, aber sie landete auf etwas Weichem. Als sie die Augen wieder öffnete, musste sie zweimal blinzeln und sich kneifen Es war wie im Traum.

Sie war nicht mehr in dem Schrank ihrer Oma, sondern in einem schönen sonnigen Wald.

„Huhu, Jenna", rief eine Stimme. „Wir haben schon auf dich gewartet."

Jenna blickte hoch und erkannte erstaunt, dass es ein bunter Vogel war, der mit ihr sprach.

„A ... a ... aber wo bin ich bloß?", flüsterte sie ein ganz kleines bisschen ängstlich.

„Du bist im Schrank", zirpte eine andere Stimme. Jenna sah sich um und entdeckte noch einen Vogel. „Deine Oma hat uns gesagt, dass du vorbeikommen wirst", fuhr er fort.

„A ... a ... aber Vögel können nicht sprechen", stotterte Jenna.

„Im Schrank sprechen alle",

sagte ein Baum, während er Jenna auf die Beine half. „So ist das eben."

In dem Moment hörte Jenna eine Hupe.

„Schau her", rief der Baum, „da kommt der hohe Herr."

Verblüfft sah Jenna ein komisches Fahrzeug auf sich zurattern, das von zwei Kaninchen gezogen wurde.

„Willkommen, willkommen", rief jemand. Ein Männchen sprang aus dem Karren, das seltsamste Männchen, das Jenna je gesehen hatte. Er war genauso klein wie Jenna, hatte aber einen riesigen Kopf, und auf dem Kopf trug es eine Art Eimer.

„Ah, wie ich sehe, bewunderst du meine Krone", sagte das seltsame Männchen lächelnd. „Sie wehte eines Tages aus der Außenwelt herein. Hast du schon mal so eine schöne Krone gesehen?"

Jenna musste sich gehörig zusammenreißen, um nicht loszuprusten.

„Nun ja, darf ich mich vorstellen? Ich heiße Tuttifrutti und bin der König des Schrankes. Meine Freunde nennen mich Tutti."

Er schüttelte Jenna so stürmisch die Hand, dass sie beinahe vom Boden abhob.

„Als Enkelin von Oma der Großen, die den Schrank vor der Verbrennung durch den Tikutistamm gerettet hat, sollst du unser Ehrengast sein. Und da wir nicht jeden Tag Besuch von einem Ehrengast bekommen, wollen wir ein Fest feiern."

Tutti klatschte in die Hände, und der Wald erwachte zum Leben. Die Bäume schüttelten Äste und Zweige, bis Früchte und Nüsse auf die darunter stehenden Teller fielen. Vögel ließen Beeren vom Himmel fallen. Aus dem Nichts erschienen plappernde Wesen mit Tabletts voller Kuchen und Butterbroten, während wieder andere tanzend den Festplatz mit bunten Blüten und Blättern schmückten.

„Das Fest soll beginnen", rief Tutti, und eine Schar musizierender Eichhörnchen stimmte eine Melodie an.

Tutti gab Jenna ein Glas sprudelnder Brause, mit dem sie sich auf den nächsten Stein setzte.

„Hey, runter da", rief eine Stimme. „Steine haben auch Gefühle, weißt du."

Jenna sprang auf. „Entschuldigung", keuchte sie. „Ich hatte vergessen, dass im Schrank alle sprechen können."

Jenna verbrachte eine herrliche Zeit, freundete sich mit allen an, sogar mit dem Stein, der ihr nach kurzer Zeit erlaubte,

sich auf ihn zu setzen.

Am fortgeschrittenen Abend versammelten sich alle und sangen ein Lied darüber, wie Jennas Oma den Schrank vor dem Feuer des Tikutistammes gerettet hatte.

„Sie ist wunderbar", sagte Tutti nach dem Lied. „Sie schaut immer mal wieder herein und hat uns sogar versprochen, einen sicheren Platz für den Schrank zu finden, wo sich immer jemand um uns kümmert."

„Legt nochmal los! Für Jenna und ihre Oma!", rief Tutti. „Hipp, hipp, hurra! Hipp, hipp, hurra!"

„Ooooh! Ich bin gerade so müde!", gähnte Jenna als sie ihre dritte Brennnesselbrause und ihr viertes Honigbrot zu sich genommen hatte.

„Ich muss mich mal kurz hinlegen." Sie legte sich auf ein weiches Grasbett und schloss die Augen. Sie bekam gerade noch mit, dass ein Schwarm winziger Kolibris sie mit lilafarbenen Blättern zudeckte.

Sie wurde aber nicht im Schrank wach, sondern in ihrem eigenen Bett.

„Ich hatte einen unglaublich schönen Traum", erzählte sie ihren Eltern beim Frühstück.

„Nun, du siehst aus, als wärest du

durch Sträucher und Büsche geklettert", sagte Papa lachend und zog etwas aus ihren Haaren. Er gab es ihr, und sie sah es sich an – es war ein lilafarbenes Blatt. Jenna war ganz kribbelig vor Aufregung. Ihr Abenteuer im Schrank hatte also wirklich stattgefunden.

„Ach ja", sagte Mama. „Oma hat gestern Abend angerufen und mich gebeten, dir zu sagen, dass du den Schrank behalten kannst. Obwohl ich ehrlich gesagt nicht weiß, was du damit anfangen sollst."

„Ach, man sieht den Dingen nicht immer an, was in ihnen steckt", sagte Jenna lächelnd. „Ich werde mich immer gut um ihn kümmern."

So schnell wie möglich wollte Jenna ihre Freunde im Schrank wieder besuchen und konnte es kaum erwarten, ihrer Oma von diesem Abenteuer zu erzählen!

Die wilden Schwäne

Es war einmal ein König, der hatte elf stolze Söhne und eine schöne Tochter, die Elisa hieß.

Elisa und ihre Brüder hätten es nicht besser haben können. Ihr Vater liebte sie zärtlich und erfüllte ihnen jeden Wunsch.

Eines Tages aber wurde alles anders. Der König heiratete wieder, und seine neue Frau war böse und eifersüchtig. Sie war so eifersüchtig, dass sie Elisa weit fort schickte und die elf Prinzen in wilde Schwäne verwandelte, die sie aus dem Königreich vertrieb.

Die Jahre vergingen, und der König entsandte seine Frau, um Elisa nach Hause zu holen. Die Königin wurde wütend, als sie die Prinzessin sah, denn sie war eine schöne Frau geworden. Die Königin wollte verhindern, dass der König Elisas Schönheit bewundern konnte, und rieb ihr

Schmutz ins Gesicht und in die Haare.

Als der König die heruntergekommene Gestalt sah, konnte er nicht glauben, dass diese seine geliebte Tochter sein sollte. Die arme Elisa wurde aus dem Palast vertrieben, und die böse Königin lachte vor Freude in sich hinein.

Elisa wanderte immer weiter, Tag für Tag, auf der Suche nach ihren elf Brüdern. Der erste Mensch, den sie traf, war eine alte Frau, die im Wald Holz sammelte.

„Habt ihr elf Prinzen gesehen?“, fragte Elisa.

„Nein, mein hübsches Kind“, antwortete die alte Frau. „Ich habe nur elf wilde Schwäne mit goldenen Kronen am Himmel fliegen sehen.“

Elisa suchte weiter, bis sie eines Tages an einem Strand elf goldene Federn fand.

„Das ist sicher ein Zeichen“, dachte sie und erinnerte sich an die Worte der alten Frau. Sie wollte abwarten, was passieren würde.

Elisa legte sich auf ein Bett aus Sand. Als die Sonne unterging, hörte sie das Flattern weiter Schwingen, und auf einmal landeten elf weiße Schwäne neben ihr am Strand. Elisa blieb nur wenig Zeit,

ihre Schönheit zu bewundern, denn kaum war die Sonne am Horizont versunken, verwandelten sich die elf Schwäne in elf schöne Prinzen.

Elisa und ihre elf Brüder waren außer sich vor Freude, weil sie endlich wieder zusammen waren. In aller Eile erzählten die Brüder, was die böse Königin ihnen angetan hatte.

Elisa lauschte den Worten ihrer Brüder, die als Schwäne umherziehen mussten, solange die Sonne schien und erst bei Sonnenuntergang wieder Prinzen sein durften. Das bedeutete, dass sie jeden Abend, wenn die Sonne unterging, an Land sein mussten, andernfalls würden sie vom Himmel fallen und sterben.

Als wäre das nicht schon schlimm genug, hatte die böse Königin sie auch noch auf eine Insel verbannt, die weit draußen im Ozean lag. In ihr eigenes Königreich durften sie nur an elf Tagen im Jahr zurückkehren, und die Reise von der Insel

und zurück war lang und gefährlich. Auf diesem Weg gab es nur ein kleines Eiland, auf dem sie rasten konnten, sodass die Prinzen unbedingt vor Sonnenuntergang dort eintreffen mussten, sonst würden sie ihre menschliche Gestalt wieder annehmen, vom Himmel fallen und ertrinken.

Die elf Schwanenprinzen mussten am nächsten Tag zu ihrer Insel im Meer zurückkehren. Elisa flehte sie an, sie mitzunehmen, und so webten sie die ganze Nacht an einem Netz, auf dem sie ihre Schwester durch die Luft tragen konnten.

Am nächsten Morgen flogen die elf Schwäne bei Sonnenaufgang los und nahmen Elisa mit. Die Schwäne flogen so schnell sie konnten, aber weil sie Elisa trugen, waren sie langsamer als sonst. Als die Sonne sich zum Horizont neigte, schaute Elisa auf

das Meer hinunter und bekam furchtbare Angst. Wenn sie die kleine Insel nicht erreichten, bevor die Sonne unterging, würden sich die Schwäne wieder in Prinzen verwandeln, und sie alle würden in das aufgewühlte Meer fallen.

Plötzlich entdeckte Elisa einen kleinen Punkt dort unten. Die Schwäne flogen kreisend tiefer, und der Punkt wurde immer größer, bis Elisa darin die Insel erkannte. In diesem Moment ging die Sonne unter, und die elf Prinzen fielen mit Elisa zu Boden. Sie hatten es gerade noch geschafft. Am nächsten Morgen setzten sie ihre Reise fort und landeten nach einem langen Tagesflug auf der Insel, die ihre Heimat geworden war.

Elisa gefiel die Höhle sehr, in der sie lebten. Sie verbrachte die Tage allein, bis ihre Brüder abends zu ihr zurückkamen. Glücklich aber war sie nicht – wie sollte sie auch glücklich sein, wenn ihre Brüder dazu verdammt waren, ihre Tage als Schwäne zu verbringen?

Eines Nachts hatte Elisa einen Traum, in dem ihr eine Fee erschien. Sie erzählte Elisa, dass sie elf Hemden aus Brennnesseln flechten und über die elf wilden Schwäne werfen solle, dann werde der Zauber gelöst. Dann fügte sie noch hinzu, dass Elisa kein Wort sprechen dürfe, bis sie ihr Werk vollendet hatte.

Am nächsten Morgen begann Elisa mit der Arbeit. Als

ihre Brüder bei Sonnenuntergang zurückkamen, hatte sie bereits ein Hemd geflochten. Ihre Brüder aber machten sich Sorgen. Elisas Hände waren von den Brennnesseln mit brennenden Blasen bedeckt, aber sie weigerte sich, ihnen zu erklären, was sie tat.

Tag für Tag arbeitete Elisa an den Hemden, bis nur noch eines fehlte. Sie pflückte gerade die Brennnesseln für dieses letzte Hemd, als sie eine Trompete hörte und ein König auf einem Pferd erschien.

„Was tust du da?", fragte er.

Elisa aber konnte nicht antworten.

Als der König Elisas traurigen Blick sah, wollte er sie zur Braut nehmen. In dem Glauben, sie zu retten, nahm er Elisa mit in seinen Palast. Seine Diener folgten ihm mit Elisas Sachen, den Brennnesseln und den Hemden. Nach ihrer Ankunft im Palast ließ der König Elisas Besitztümer in einen Turm bringen und gab ihr einen Schlüssel, damit sie dort ein- und ausgehen konnte.

Kurze Zeit später heiratete der König Elisa und machte sie zu seiner

Königin. Elisa genoss ihr neues Leben, aber sie war noch immer entschlossen, die Hemden fertig zu flechten und den Zauber ihrer Brüder zu lösen.

Eines Morgens schlich sie in aller Frühe zu dem Turm. Ohne zu merken, dass ihr Mann ihr folgte, suchte sie die Brennnesseln und begann, das letzte Hemd zu flechten.

Der König, der sich im Schatten versteckte, wurde wütend, denn er glaubte, seine Frau sei eine Hexe. Er wollte gerade hervorspringen und sie dessen anklagen, als er das Flattern weiter Schwingen hörte und elf wilde Schwäne durchs Fenster flogen.

Voller Staunen sah er zu, wie Elisa ihre Arbeit beendete und über jeden Schwan ein Hemd warf. Dann schnappte er nach Luft, als die Schwäne verschwanden, weil sie sich in die elf Prinzen verwandelt hatten. Der Zauber war gebrochen.

„Was geht hier vor?“, rief der König und trat schnell aus dem Schatten heraus.

„Ich will es dir erklären", sagte Elisa. Als sie erst anfing zu reden, war kein Halten mehr. Atemlos erzählte sie dem König alles von dem Zauber ihrer bösen Stiefmutter und davon, wie sie mit Hilfe der geflochtenen Hemden den Zauber lösen konnte.

Der König freute sich sehr, dass Elisa den bösen Fluch brach, der ihre Brüder verzaubert hatte.

„Ihr sollt alle mit uns in meinem Palast wohnen", lud er die elf Prinzen ein. Und das taten sie auch, bis einer nach dem anderen eine eigene Braut gefunden hatte.

Das war knapp, Mini!

Mini, Max, Maja, Mira und Marco wohnten mit ihrer Mutter in der großen Scheune. Mini war das jüngste und stillste unter den Mäusekindern.

Eines Tages träumte Mini wie so oft in den Tag hinein und sah einer Spinne beim Netzbau zu.

„Das ist nicht fair“, sagte Max, das älteste der Mäusekinder.

„Was ist nicht fair?“, fragte Frau Maus mit einem Seufzer.

„Mini“, sagte Max. „Er ist faul und zu nichts nütze! Er arbeitet einfach nicht!“

„Wir anderen laufen die ganze Zeit herum und suchen Krümel ...“, ergänzte Maja.

„... und putzen“, sagte Mira.

„... Mini dagegen verbringt den lieben langen Tag mit Nichtstun“, beendete Marco den Satz.

„Mini ist NICHT zu nichts

nütze“, sagte ihre Mutter nachdrücklich. „Und er ist auch nicht absichtlich faul. Wartet nur ab: Eines Tages werdet ihr alle über ihn staunen.“

Das stimmte. Mini war nicht absichtlich faul. Er hatte immer vor, seinen Teil zu tun. Es war nur so, dass es auf dem Bauernhof so viel zu sehen gab, dass er immer vergaß, was er tun sollte. Er interessierte sich einfach für alles in seiner Umgebung – von der größten Kuh bis zur kleinsten Fliege.

Am Montag schlichen die fünf kleinen Mäuse wie immer auf der Suche nach Fressen in die Küche des Bauernhauses. Während seine Brüder und Schwestern eifrig umherflitzten, schaute Mini aus dem Fenster. Da draußen stand ein Apfelbaum in voller Frühlingsblüte, in dem eine Vogelmutter ihren Kleinen das Fliegen beibrachte.

Später packten Marco und Maja zu Hause einen großen Klumpen Brot aus, den sie gefunden hatten. Mira zog eine mächtige Hand voll Salatblätter aus ihrem Sack, und Max schleppte ein Stück Käse hinter sich her, das beinahe so groß war wie er selbst.

Mini jedoch hatte nur zwei winzige Kuchenkrumen mitgebracht.

„Ist das alles?“, fragte Maja.

„Davon wird höchstens eine Ameise satt“, seufzte Mira.

„Das wird Mama aber gar nicht gefallen!“, sagte Max und schüttelte traurig den Kopf.

Aber die Mäusemutter war überhaupt nicht böse. Sie lächelte Mini nur an und fuhr ihm liebevoll durch die Schnurrhaare.

Dienstags wurde im Mäusehaus immer geputzt. Max, Marco, Mira und Maja machten sich mit Töpfen, Staubtüchern und Reinigungsmitteln zu schaffen, bis alles glänzte.

Mini sollte sich um den Abwasch kümmern. Aber die Seifenblasen, die aus der Spülschüssel aufstiegen, waren so schön, dass er träumerisch ihren Regenbogenfarben nachsah, statt zu spülen. Deshalb gab es keine sauberen Teller, als die Mutter das Abendessen machte.

„Helft eurem Bruder mal eben mit dem Abwasch“, sagte Frau Maus zu den anderen kleinen Mäusen.

„Ach, Mama!“, klagten die vier älteren Mäusekinder. „Das ist einfach nicht fair!“

Aber ihre Mutter lächelte nur.

„Wahrscheinlich nicht“, gab sie zu. „Aber eines Tages wird Mini es euch allen zeigen!“

Am Mittwoch sammelten Max, Marco, Mira und Maja Weizen, während sich Mini verträumt durch die Halme einen besonders schönen

Sonnenuntergang ansah.

Am Donnerstag wuschen Max, Marco, Mira und Maja alle Bettlaken und Kopfkissenbezüge im Mäusehaus, während Mini die Berge in der Ferne bewunderte.

Freitags holten sich die Mäuse immer Samenkörner aus der Scheune. Von der Tür aus sah Mini, wie der Bauer einen großen Korb aus dem Kofferraum seines Autos holte. Er stellte sich auf die Hinterpfoten, um besser sehen zu können.

Marco und Max mühten sich gerade damit ab, ein großes Loch in einen Sack mit Samenkörnern zu nagen.

„Mini", riefen sie, „komm her und hilf uns!"

Mini beobachtete, wie der Bauer den Korb abstellte und auf der Vorderseite einen Riegel zurückschob.

„Mini!"

Mini warf seinen Brüdern und Schwestern in der Scheune einen Blick zu und wandte sich dann wieder dem Bauern zu. Jetzt lag der leere Korb auf dem Boden. Der Bauer war ins Haus gegangen.

„MINI!"

Mini drehte sich um und schaute in die Scheune. Inzwischen war es seinen Brüdern gelungen, ein ausreichend großes Loch zu nagen, und

seine Schwestern fingen die Körner auf, die wie ein stetiger Fluss aus dem Sack rannen.

Sie waren sehr beschäftigt und bemerkten den Schatten gar nicht, der über die Schwelle des Scheunentores glitt, und auch nicht die Gestalt, die verstohlen zu der Leiter schlich, die auf den Heuboden führte.

Aber Mini sah sie. Und plötzlich wusste er, was in dem Korb gewesen war.

„Eine Katze!“, quiekte er.

„LAUFT WEG!“

Aber seine Brüder und Schwestern waren viel zu beschäftigt und hörten ihn nicht.

Die neue Katze des Bauern schlich immer näher an sie heran. Ihr Schwanz zuckte, während sie Minis Geschwistern beim Körnerklau zusah.

„Lauft weg!“, quiekte Mini.

Dieses Mal

hörten seine Brüder und Schwestern ihn. Sie waren vor Schreck wie gelähmt, als sie die Katze springen sahen. Auf einmal sauste Mini durch das

Heu und zischte blitzschnell an der Nase der Katze vorbei. Er raste die Leiter hinunter und aus der Scheune heraus. Die Katze des Bauern schoss hinter ihm her und jagte ihn über den Hof, zweimal um die Ställe herum, durch den Schweinestall bis hinaus auf das Weizenfeld.

Als Mini die anderen endlich in Sicherheit wusste, schlich er nach Hause ins Mauseloch.

„Da könnt ihr mal sehen“, sagte Frau Maus, nachdem sie sicherheitshalber ihre Kinder gezählt hatte. „Ich habe immer gesagt, dass ihr eines Tages noch über Mini staunen würdet.“

„Da war doch nichts dabei“, sagte Mini schüchtern.

Da waren seine Brüder und Schwestern aber ganz anderer Meinung. Für sie war Mini ein Held.

Der standhafte Zinnsoldat

Es waren einmal fünfundzwanzig Zinnsoldaten in einem Spielzimmer. In Habachtstellung standen sie in ihrer schmucken blau-roten Uniform da, und jeder hielt stolz ein Gewehr (eine Art altmodischer Pistole, wie euch jeder alte Soldat berichten kann). Sie sahen alle gleich aus, außer einem, der nur ein Bein hatte. Er war nämlich als letzter gegossen worden und da hatte das Zinn nicht mehr gereicht. Er hatte also nur ein Bein, weil das Zinn nicht für zwei gereicht hatte.

Auf seinem einen Bein stand dieser Zinnsoldat jedoch genauso fest wie seine zweibeinigen Brüder. Man könnte beinahe sagen, fester sogar.

Wenn die Zinnsoldaten nicht in ihrer Schachtel schliefen, stellte der kleine Junge, dem sie gehörten, sie sorgfältig der Reihe nach auf einen Tisch. Von dort konnten sie sich alle anderen Spielzeuge auf dem Tisch ansehen. Das schönste, jedenfalls fand das der einbeinige Zinnsoldat, war ein Schloss aus Pappe.

Der einbeinige Zinnsoldat verbrachte Stunden damit, das Schloss anzusehen. Er kannte jeden kleinen Baum und jedes Wesen, das dazugehörte. Er fand sie alle hübsch, aber am schönsten fand er doch eine kleine Jungfrau, die vor einem offenen Schlosstor stand. Der Zinnsoldat wusste es zwar nicht, aber die Jungfrau war eine Tänzerin. Sie hatte ein wunderschönes Gewand aus Spitze an und trug eine kleine rote Rose aus Zinn im Haar. Sie hatte beide Arme ausgestreckt und hob ein Bein so hoch in die Luft, wie es Tänzerinnen eben können. So konnte der einbeinige Zinnsoldat es nicht sehen und glaubte deshalb, sie hätte auch nur ein Bein, genau wie er.

„Das wäre die richtige Frau für mich!“, dachte der Zinnsoldat. „Aber sie ist viel zu vornehm. Schließlich lebt sie in einem herrlichen Schloss, und ich wohne nur in einer Schachtel, die ich auch noch mit meinen vierundzwanzig Brüdern teilen muss. Trotzdem würde ich gerne mal mit ihr reden.“

Der Zinnsoldat versteckte sich hinter einem Kastenteufel auf dem Tisch und verhielt sich ruhig.

Später in der Nacht, als die anderen Zinnsoldaten alle in der Schachtel verstaut worden waren und die Menschen im Haus zu Bett gegangen waren, rieben sich die Spielzeuge die Augen, reckten und streckten sich und begannen zu spielen.

Die anderen Zinnsoldaten rasselten in ihrer Schachtel und schimpften, weil sie zu schwach waren, um den Deckel hochzuheben. Die Aufziehmaus raste über den Tisch, der Kreisel kreiselte und der Spielzeugzug sauste immer im Kreis über seine Schienen.

Nur die Tänzerin und der einbeinige Zinnsoldat rührten sich nicht. Die Tänzerin stand einfach da mit ihren hocherhobenen Armen, und der Zinnsoldat blieb standhaft und ließ sie nicht aus den Augen.

Als um Mitternacht die Uhr zwölfmal schlug, sprang der Deckel des Kastenteufels auf, hinter dem sich der Zinnsoldat versteckte. Alle Spielzeuge wussten, dass der Kastenteufel eine Art böser Zauberer war.

„Weißt du nicht, dass es ungezogen ist, jemanden so anzustarren?“, rief er dem Zinnsoldaten zu. Aber der Zinnsoldat hatte keine Angst und beachtete ihn nicht. Er klammerte sich an

sein Gewehr und blieb standhaft.

„Warte nur bis morgen“, sagte der Kastenteufel noch, bevor er wieder in seiner Schachtel verschwand.

Als das Dienstmädchen am nächsten Morgen das Spielzimmer putzte, stellte sie den Zinnsoldaten auf das Fensterbrett, weil er ihr sonst im Weg gewesen wäre. Dort stand er standhaft, bis ein Windstoß ihn aus dem Fenster wehte. Vielleicht war es ein Unfall, aber der Zinnsoldat hatte den Kastenteufel im Verdacht, ein wenig gezaubert zu haben.

Es war ein langer Sturz bis auf das Straßenpflaster, und der Zinnsoldat landete mit einem harten Aufprall. Aber er war ein tapferer Soldat und gab keinen Muckser von sich. Er klammerte sich an sein Gewehr und blieb standhaft, selbst als es anfing zu regnen. Es regnete so stark, dass das Wasser durch die Rinnsteine

floss, aber schließlich hörte es auch wieder auf zu regnen, und die Kinder kamen zum Spielen aus den Häusern.

„Hey, sieh mal! Ein Zinnsoldat!", sagte ein kleines Mädchen. „Komm, wir basteln ihm ein Boot und lassen ihn im Rinnstein segeln!"

So fand sich der Zinnsoldat in einem Boot aus Zeitungspapier wieder. Das Boot ruckelte und schaukelte auf der Fahrt durch den Rinnstein, aber der Zinnsoldat blieb standhaft, sogar als das Boot ein dunkles Abflussrohr hinuntertrieb.

„Was geschieht denn nun mit mir?", dachte der Soldat. „Das ist alles das Werk des Kastenteufels. Wenn bloß die einbeinige Jungfrau bei mir wäre, dann hätte ich hier im Dunkeln nicht solche Angst."

In diesem Augenblick hörte der Zinnsoldat es rascheln und kratzen, und eine große

hässliche Wasserratte sprang aus einem Loch an der Seite des Abflussrohres.

„Hast du einen Pass?", fragte die Wasserratte.

Aber der Zinnsoldat sagte nichts und segelte weiter. Die Ratte schwamm hinterher. „Haltet den Soldaten!", schrie sie, „er hat seinen Pass nicht vorgezeigt. Ich glaube, der hat gar keinen!" Aber niemand kümmerte sich darum, und die Wasserratte konnte nicht so schnell schwimmen wie das Boot.

Der Zinnsoldat trieb immer weiter, bis er am Ende des Tunnels Tageslicht sah. Dann hörte er ein gewaltiges Tosen, und noch bevor er

zwinkern konnte, wurde er in einen mächtigen Wasserfall geworfen. Das Boot drehte sich und wirbelte umher, während es in den tiefer gelegenen Kanal geschwemmt wurde. Aber der Zinnsoldat schrie nicht auf, denn Soldaten tun so etwas nicht. Der Zinnsoldat blieb auch noch standhaft, als das Boot langsam sank. Bald stand er bis zum Hals im Wasser, aber er blieb weiter standhaft. Dann brach das Boot in der Mitte durch, und der Zinnsoldat sank im Wasser immer tiefer.

Er war fest davon überzeugt, dass er ertrinken würde und wünschte so sehr, dass die kleine Tänzerin bei ihm wäre.

Plötzlich aber GLUCK! verschlang ein großer Fisch den Zinnsoldaten. In dem Fisch war es sogar noch dunkler als in dem Abflussrohr.

Und enger. Und wieder hätte der Zinnsoldat die kleine Tänzerin gerne an seiner Seite gehabt.

Der Fisch schwamm auf und ab, und dem Zinnsoldaten kam es vor wie eine Ewigkeit. Auf einmal aber wand er sich hin und her, bis er ebenso plötzlich ganz still wurde. Der Zinnsoldat blieb standhaft und überlegte, was wohl an diesem dunklen, dunklen Ort passierte. Er hörte ein seltsames Zischen, und im nächsten Augenblick war es vorbei mit der Dunkelheit, und das Tageslicht schien auf ihn herab.

„Hey, da ist der Zinnsoldat!", rief eine bekannte Stimme. Sie gehörte dem Dienstmädchen, das ihn am frühen Morgen auf das Fenstersims gestellt hatte. Jemand hatte nämlich den

Fisch aus dem Kanal geangelt und auf den Markt gebracht, wo ihn das Dienstmädchen gekauft und nach Hause gebracht hatte. Nun hatte sie ihn mit einem scharfen Küchenmesser aufgeschlitzt, und der Zinnsoldat war wieder frei.

Nachdem sie ihn gewaschen hatte, brachte das Dienstmädchen den Zinnsoldaten ins Spielzimmer zurück und stellte ihn neben seine Spielzeugsoldatenbrüder auf den Tisch.

Alles war genau wie vorher. Und wie die Kinder lachten und staunten, als sie hörten, dass der einbeinige Zinnsoldat im Bauch eines Fisches nach Hause gekommen war. Alle freuten sich, den Zinnsoldaten wieder zu sehen. Alle außer dem Kastenteufel, mit dem die Kinder spielten. Jedes Mal, wenn die Kinder den Deckel öffneten, sprang er heraus und sah den Zinnsoldaten wütend an, als wollte er sagen: „Warte nur!“

Aber der Zinnsoldat fürchtete die Zauberkräfte des Kastenteufels nicht. Er blieb standhaft, und sein Herz hüpfte vor Freude, als er sah, dass auch die Tänzerin am gleichen Platz stand wie immer. Er schaute sie an, und sie sah ihn an, aber keiner von beiden sagte ein Wort.

Ein plötzlicher Windstoß blies den einbeinigen Zinnsoldaten vom Tisch ins Feuer. „Daran ist bestimmt der Kastenteufel Schuld“, dachte der Zinnsoldat, als die Flammen seine blau-rote Uniform schmelzen ließen. Dann krümmte er sich, weil das Feuer seinen Körper schmolz.

Als eine Tür geöffnet wurde, erfasste der Wind auch die kleine Papiertänzerin und blies sie geradewegs ins Feuer.

Der einbeinige Zinnsoldat und die Tänzerin sahen sich ein letztes Mal an, bevor sie beide in den Flammen verschwanden.

Als das Dienstmädchen am nächsten Morgen die Asche auskehrte, war sie überrascht,

etwas Sonderbares darin zu finden. Der Zinnsoldat war zu einem kleinen Klumpen in Form eines Herzens geschmolzen, woran die kleine Zinnrose aus dem Haar der Tänzerin festgeschmolzen war.
Das Dienstmädchen legte das kleine Herz mit der roten Rose sorgfältig auf das Kaminsims, wo es lange Jahre liegen blieb. Endlich waren der einbeinige Zinnsoldat und die Tänzerin vereint!

Die nutzlose Hexe

Hilda war nicht gerade eine großartige Hexe. Sie hatte all die richtigen Dinge – einen großen schwarzen Spitzhut, einen wirbelnden Umhang und einen langen Besenstiel voller Spinnweben. Sie hatte sogar eine eigene schwarze Katze namens Mauser. Das Problem war nur, dass Hilda nicht mehr besonders gut mit Zaubersprüchen umgehen konnte.

Es ist schon lange her, aber als Hilda von der Zauberschule abging, war sie die schlaueste Hexe weit und breit. Sie konnte ruckzuck einen Zaubertrank mixen, und alle Hexen im Umkreis von mehreren Kilometern beneideten sie um ihr Rezept für Lachpulver. Ständig stand jemand auf ihrer Schwelle und bat um Hilfe – hier eine Salbe

gegen Furunkel, dort einen Liebestrank oder einen Zauberspruch, damit die Sonne wieder schien. Aber dann gab es keinen großen Bedarf an Zauberei mehr, und keiner besuchte Hilda in ihrem klapprigen alten Häuschen. Eine dicke Staubschicht lag auf ihren Zauberbüchern, und der Kessel rostete langsam vor sich hin.

„Es ist einfach nicht mehr wie früher!“, seufzte Hilda, als sie eines Morgens da saß und Mauser streichelte. „Ich kann mich schon gar nicht mehr daran erinnern, wann das letzte Mal jemand einen Zauberspruch haben wollte. Es kommt ja überhaupt keiner mehr vorbei.“ Sie seufzte noch einmal vor lauter Langeweile. „Wenn ich nicht langsam ein bisschen übe, vergesse ich noch die ganze Zauberei, und dann bin ich als Hexe wirklich völlig nutzlos. Oder hat schon mal jemand von einer Hexe gehört, die nicht zaubern kann?“

Hilda beschloss, etwas zu unternehmen.

„Da gibt's nur eins", sagte sie zu den Spinnen und Ratten in ihrem Häuschen. „Ich muss umziehen. Irgendwer braucht irgendwo meine Zauberei, und ich werde diese Leute finden!"

Am nächsten Morgen beobachteten die Nachbarn am Sonnenweg in Minidorf erstaunt eine dunkle Gestalt, die auf einem Besen auf das Haus Nr. 24 zuflog.

Als der Besen steil nach unten tauchte, fiel Hilda herunter, stand auf, wischte ihren Zauberstab sauber und murmelte schon einen Augenblick später einen raschen Zauberspruch. „Zunge vom Molch, Schwanz von der Maus, all meine Sachen in dieses Haus." Langsam und gemächlich erschienen ein rostiger Kessel, mehrere Töpfe mit schleimiger Schmiere und ein großer Stapel mit Hexenbüchern vor Hildas neuem Haus.

„Ich wusste doch, dass ich es noch kann", sagte Hilda mit einem stolzen Lächeln. Aber das Eigenlob kam ein wenig früh.

Plötzlich nämlich fiel der Kessel scheppernd zu Boden, und die Bücher wirbelten durch die Luft und fegten Hilda den Hut vom Kopf. Dann drehten sich die Töpfe auch noch um und ergossen ihre schleimige Schweinerei auf die Stufen.

„Schnickschnack!", rief Hilda und wurde rot vor Wut. „Ich habe vergessen, die zweite Zeile des Zauberspruchs laut zu sagen. Ich dummes Ding! Ich bringe lieber erstmal diesen Mist in Ordnung. Eidechsenschwänze und Katzenköpfe, zurück mit euch in eure Töpfe ..." Hilda fuchtelte wild mit dem Zauberstab, verlor das Gleichgewicht und rutschte in dem grünen Schleimsee aus.

Inzwischen hatten sich eine Menge Leute um sie versammelt, die ihr gebannt zuschauten.

„Wir hatten noch nie eine H .. H ... HEXE zur Nachbarin", stotterte ein äußerst beunruhigter Mann.

„Das kann vielleicht ganz nützlich sein, man weiß ja nie", fügte seine Frau hinzu.

„Aber nicht, wenn alle ihre Zaubersprüche so danebengehen wie der gerade!", sagte ihr frecher Sohn gerade laut genug, dass Hilda

ihn noch hören konnte. „Ich finde, sie sieht aus wie eine nutzlose Hexe!"

„Wirklich ein schlechter Anfang", seufzte Hilda, wischte sich das klebrige grüne Zeug vom Umhang und ging ins Haus. „Vielleicht muss ich mich damit abfinden, dass ich im Zaubern nicht mehr gut bin."

Mauser machte einen Buckel und rieb ihn an den Beinen seines Frauchens. Er schnurrte tröstend, bis sie sich bückte und ihn in die Arme nahm.

„Du hast Recht, Mauser", sagte sie und streichelte nachdenklich seinen Kopf. „Das war zwar nicht gerade der beste Anfang, aber so schnell sollten wir nicht aufgeben. Ich brauche nur ein bisschen Übung, das ist alles. Dann wollen wir doch mal sehen, wozu ich nütze sein kann!"

Am nächsten Morgen in aller Frühe fegte Hilda den Staub von ihren Zauberbüchern und blätterte sie durch. „Ich brauche ein paar nützliche Zaubersprüche", fand sie und suchte diese in einem dicken Buch mit dem Titel: „Eintausend hilfreiche Formeln für den täglichen Gebrauch."

„Riesen, niesen, Wiesen ...", murmelte sie vor sich hin,

während sie den einzig wahren Zauberspruch suchte.

„Frost, Ost, Rost. Nein, nein! Die funktionieren alle nicht! Bauer, Lauer … Aha!“, rief sie schließlich triumphierend. Sie schlug das Buch auf und legte es auf den Boden. „Ich glaube, ich habe genau das Richtige gefunden! ALLE LEUTE lieben Blumen! Ich werde hier überall Blumen hinzaubern. Die werden sich bestimmt freuen!“

Hilda las den Zauberspruch und merkte sich jede Zeile. Dieses Mal wollte sie keinen Fehler machen. Als sie ziemlich sicher war, dass sie alles auswendig konnte, zog sie ihren Zauberstab hervor und begann, den Spruch aufzusagen.

„Fledermäuse in die Tüte,
alle Gärten stehen in BLÜTE!“

Dann zwirbelte sie ihren Zauberstab in der Luft. Aus dem unteren Ende schoss ein goldener Funke hervor und sprang in einen Busch. Im selben Augenblick erblühte der ganze Busch.

„Super, das macht Spaß!“, rief Hilda und richtete den gezwirbelten Zauberstab in jede Ecke des Gartens. „Ich wusste es doch, ich brauchte nur ein bisschen Übung!“

Aus dem Zauberstab sprangen goldene Funken in alle Richtungen, und wo sie niederfielen, wuchsen Blumen und bedeckten den Boden mit einem Blütenteppich. Die Nachbarn am Sonnenweg trauten ihren Augen nicht. Sie liefen auf die Straße und staunten über die zaubernde Hexe, die mit ihrem Zauberstab die ganze Straße in ein Blütenmeer verwandelte.

„Ich glaube, jetzt reicht's!“, sagte Hilda, als sämtliche Gärten bunt erstrahlten. „AUFHÖREN MIT DER ZAUBEREI!“, schrie sie. Aber die Zauberei hörte nicht auf. Ihr Zauberstab versprühte weiterhin goldene Funken und ständig erschienen neue Blüten – immer mehr und noch mehr und noch mehr.

„Ich bin SICHER, dass ich den Zauberspruch richtig aufgesagt habe“, weinte Hilda. Sie blätterte in dem Zauberbuch, bis sie die richtige Seite wieder gefunden hatte. „Oh nein“, heulte sie. „Ich habe nicht gemerkt, dass die letzte Seite in diesem Buch fehlt! Kein Wunder, dass die Formel nicht funktioniert hat!“

Hilda wusste, dass sie den Zauber nur auf eine einzige Art und Weise

lösen konnte. Rasch nahm sie ihren Zauberstab und brach ihn entzwei. Auf der Stelle hörte der Funkenflug auf, dennoch war bereits genug Schaden entstanden. Die Straße lag unter Blüten begraben und die Leute, die hier wohnten (jedenfalls die, die sie sehen konnte) sahen nicht gerade erfreut aus.

„Schau, was du angerichtet hast!“, rief der Mann von nebenan und drohte ihr mit der Faust. „Es dauert Tage, dieses Durcheinander wieder aufzuräumen.“

„Keine Sorge!“, antwortete Hilda fröhlich. „Das kriege ich im Nu wieder hin. Ich hole nur eben meinen Ersatzzauberstab.“

„Oh nein, das wirst du nicht tun!“, schrie die Frau von gegenüber. „Erspare uns deine Hilfe in Zukunft. Du kannst deine Zaubersprüche für dich behalten. Du bist eine nutzlose Hexe.“

„Seid doch nicht so böse“, flehte Hilda. „Ich wollte nicht so ein Durcheinander anrichten. Ich wollte mich nur nützlich machen. Wenn ihr mir eine Chance gebt, mache ich alles wieder gut.“

Die Leute sahen Hilda misstrauisch an. „Woher sollen wir wissen, dass

wir dir trauen können?", fragte eine Frau stellvertretend für alle.

„Ich will doch nur helfen", sagte Hilda. „Bitte lasst es mich noch ein einziges Mal versuchen. Sagt mir einfach, was ihr euch wünschen würdet."

„Nun gut", sagte die Frau ein wenig freundlicher. „Aber dies ist deine letzte Chance. Siehst du die dunkle Wolke da hinten?" Sie zeigte auf eine große schwarze Wolke, die drohend über dem Sportplatz der Schule hing. „Heute findet das Schulfest statt", fuhr sie fort, „da können wir keinen Regen gebrauchen. Schaffst du es, die Wolke verschwinden zu lassen?"

Hilda freute sich. Die Sonne wieder scheinen zu lassen, das war doch ihre Lieblingsformel. „Ich WEISS, dass ich es kann", sagte sie strahlend.

Hilda holte ihren Ersatzzauberstab, polierte ihn und begann mit dem Zauberspruch. Die Menge sah interessiert zu.

„Spinnenbein und Fliegenmolke, verschwinden soll die Regenwol ... haa ... haa ... haaa ... TSCHI!" Vor lauter Blüten musste Hilda laut niesen – mitten im Aufsagen des Zauberspruchs.

„Uups! Das war nichts“, sagte Hilda besorgt. Alle sahen aufgeregt zum Himmel. Statt zu verschwinden, ließ die große schwarze Wolke jetzt dicke Tropfen fallen. Regen war nicht das richtige Wort, nein, es schüttete regelrecht, und zwar direkt über der Schule.

„Mist! Mist! Mist!“, heulte Hilda, als sie die enttäuschten Gesichter um sich herum sah. „Jetzt habe ich auch noch dafür gesorgt, dass das Schulfest ausfällt. Ich bin wirklich eine nutzlose Hexe. Am besten kehre ich jetzt sofort wieder in mein schäbiges altes Häuschen zurück.“

Hilda hatte ein so schlechtes Gewissen, dass sie noch am gleichen Abend anfing zu packen. Nicht einmal Mauser konnte sie aufheitern. „Ich muss mich pensionieren lassen“, teilte sie der kleinen Katze traurig mit.

„Hier verlangt bestimmt niemand mehr nach meiner Hilfe.“
Plötzlich klopfte es.

„Es tut mir Leid, dass meinetwegen das Schulfest ausgefallen ist“, begann Hilda, als sie die Tür öffnete, denn sie erwartete eine wütende Menschenmenge.

„Wie bitte?“, antwortete der Mann vor ihrer Tür und lächelte überrascht. „Kein Grund sich zu entschuldigen. Ich bin der Direktor der Schule und ich bin gekommen, um mich zu bedanken. In der Schule hat es nämlich heute Nachmittag gebrannt, und dein Gewitter hat die Flammen gelöscht und unsere Schule gerettet. Du bist die Heldin des Dorfes!“

Hilda konnte kaum glauben, was sie da gehört hatte. „Soll das heißen, dass ich doch eine nützliche Hexe bin?“, fragte sie verwundert.

„Aber ja“, sagte der Direktor. „Und ich bin nicht der einzige, der so denkt“, fügte er hinzu und führte sie in den Garten. All ihre Nachbarn standen auf der

Straße, sie klatschten und jubelten so laut sie konnten.

„Ein dreifaches Hurra für Hilda!", brüllten sie. „Die beste und nützlichste Hexe in Minidorf!"

„Vielen Dank!", sagte Hilda strahlend und wurde vor Glück ganz rot. Sie winkte den Menschen zu und flüsterte Mauser ins Ohr: „Ich wusste doch, dass ich es kann." Er schmiegte sich an ihre Beine, als sie hinzufügte: „Aber unter uns, Mauser, ich glaube, ein bisschen Übung könnte nicht schaden."

Schneewittchen

Es waren einmal ein König und eine Königin, die lebten in einem fernen Land. Sie waren sehr glücklich miteinander, nur hatten sie leider keine Kinder.

„Oh", sagte die Königin, „hätte ich doch ein Kind so weiß wie Schnee, so rot wie Blut und so schwarz wie der Flügel eines Raben!"

Nach einem Jahr ging der Wunsch der Königin in Erfüllung, und sie bekam eine wunderschöne Tochter, die sie Schneewittchen nannte. Die Königin starb kurz nach der Geburt, und nach einiger Zeit heiratete der König wieder.

Die neue Königin war sehr schön, aber sie war auch sehr eitel und sehr böse. Sie konnte den Gedanken nicht ertragen, dass jemand schöner sein könnte als sie. Jeden Tag trat sie vor einen verzauberten Spiegel und sprach:

„Spieglein, Spieglein,
an der Wand,
wer ist die Schönste
im ganzen Land?“

Und der Spiegel antwortete: *„Ihr, Frau Königin, seid die Schönste im Land.“*

Aber die Jahre vergingen, Schneewittchen wuchs zu einer schönen Frau heran, und eines Tages antwortete der Zauberspiegel der bösen Königin:

„Frau Königin, Ihr seid die Schönste hier, aber Schneewittchen ist tausendmal schöner als Ihr.“

Die Königin wurde wütend und ließ einen Diener kommen. Er sollte Schneewittchen in den Wald bringen und sie dort allein lassen, damit sie von wilden

Tieren gefressen würde. Und so kam es, dass Schneewittchen allein im Wald blieb. Erst hatte sie Angst, aber die Tiere bekamen Mitleid mit ihr und führten sie zu einem hübschen Häuschen. Sie klopfte, aber niemand antwortete. Da trat sie ein und fand, dass das Häuschen innen genauso hübsch war wie außen. In der Mitte des großen Raumes stand ein sauberer kleiner Tisch, an dem für sieben Personen gedeckt war und an dem sieben kleine Stühle standen.

Schneewittchen hatte Hunger und Durst und nahm von jedem der Teller ein Stückchen Brot und trank einen Schluck Milch aus jedem Krug. Dann legte sie sich müde in eines der sieben Betten und schlief ein.

Das Häuschen gehörte sieben Zwergen. Morgens gingen sie in die Berge, wo sie nach Gold und Edelsteinen gruben. Abends kehrten sie heim, um zu essen und zu schlafen.

Als sie an jenem Abend nach Hause kamen, fiel ihnen

sofort auf, dass jemand dort gewesen war.

„Wer hat von meinem Brot gegessen?“, fragte der eine.

„Wer hat meine Milch getrunken?“, fragte ein anderer.

„Wer hat auf meinem Stühlchen gesessen?“, fragte ein dritter, und ein vierter zeigte auf sein Bett und fragte: „Wer schläft denn da in meinem Bettchen?“ Im Nu standen alle sieben Zwerge um das Bett herum und sahen sich das schlafende Mädchen an.

„Die ist aber hübsch!“, sagte einer. „Wir lassen sie schlafen“, beschlossen sie und gingen selbst zu Bett.

Als Schneewittchen wach wurde, standen die Zwerge wieder an ihrem Bett. Sie waren so nett zu ihr, dass sie ihnen die ganze Geschichte erzählte.

Die Zwerge waren sich einig, dass Schneewittchen bei ihnen bleiben solle. Wenn sie in die Berge gingen, um nach Gold und Edelsteinen zu graben, blieb Schneewittchen zu Hause und putzte und kochte für sie.

Und wieder vergingen einige Jahre, und das fleißige Schneewittchen wurde immer schöner.

Die Königin, die Schneewittchen tot glaubte, hatte es nicht mehr für nötig gehalten, in den Spiegel zu sehen. Eines Tages fühlte sie sich nicht ganz so schön wie sonst, ging zu dem Spiegel und sprach:

„Spieglein, Spieglein an der Wand,
wer ist die Schönste im ganzen Land?“

Du kannst dir vorstellen, wie überrascht sie war, als der Spiegel antwortete:

„Frau Königin, Ihr seid die Schönste hier,
aber Schneewittchen über den Bergen
bei den sieben Zwergen
ist noch tausendmal schöner als Ihr!“

Die Königin lief vor Wut rot an. Sie wollte Schneewittchen endgültig loswerden und schmiedete auf der Stelle einen bösen Plan. Am nächsten Morgen verkleidete sie sich als alte Frau und packte einen Korb mit hübschen Dingen. Dann ging sie zu dem Häuschen der sieben Zwerge.

„Willst du einer alten Frau nicht etwas abkaufen?“, gackerte sie. Schneewittchen war so ein liebes Mädchen, dass sie sofort die Tür öffnete und die alte Frau ins Haus bat.

„Die sind aber niedlich“, sagte sie und zog ein paar

blaue Bänder aus dem Korb.

„Oh ja, genau die richtige Zierde für dein Kleid“, stimmte ihr die alte Frau zu, und Schneewittchen ließ zu, dass die Frau sie mit den Bändern gürtete. Aber die böse Königin zog die Bänder so fest, dass Schneewittchen ohnmächtig zu Boden fiel. Die böse Königin dachte, sie sei tot.

Als die sieben Zwerge abends nach Hause kamen, eilten sie zu Schneewittchen und lösten die Bänder. Schneewittchen tat einen langen Seufzer und erholte sich rasch.

„Das war bestimmt die böse Königin“, sagten die Zwerge. „Von nun an musst du gut aufpassen. Wenn wir fort sind, darfst du niemanden hereinlassen.“

Inzwischen war die Königin ins Schloss zurückgegangen und eilte geradewegs zu ihrem Spiegel:

„Spieglein, Spieglein an der Wand,
wer ist die Schönste im ganzen Land?“

Und der Spiegel antwortete:

„Frau Königin, Ihr seid die Schönste hier,
aber Schneewittchen über den Bergen
bei den sieben Zwergen
ist noch tausendmal schöner als Ihr!“

Die Königin wollte es nicht glauben, aber dann schmiedete sie einen neuen Plan.

Am nächsten Morgen ging sie wieder zu dem Zwergenhäuschen, dieses Mal als Bettlerin

verkleidet mit einem Korb voller Kämme – vergifteter Kämme!

„Ich darf niemanden hereinlassen", rief Schneewittchen zum Fenster hinaus.

„Das macht nichts", krächzte die Alte, „aber nimm doch einen dieser schönen Kämme!"

Die Kämme waren so hübsch, dass Schneewittchen sich aus dem Fenster lehnte und der alten Frau erlaubte, ihr einen ins Haar zu stecken. Sobald er ihre Haut berührte, fiel sie nieder. Glücklicherweise kamen die sieben Zwerge an diesem Tag eher nach Hause. Als sie Schneewittchen so liegen sahen, errieten sie, was geschehen war und zogen ihr den Kamm aus den Haaren. Wieder erholte sich Schneewittchen innerhalb kürzester Zeit. Und wieder warnten die sieben Zwerge sie vor Fremden.

Die Königin aber bekam einen Wutanfall, nachdem der Spiegel zu ihr gesagt hatte:

„Frau Königin, Ihr seid
die Schönste hier,
aber Schneewittchen
über den Bergen
bei den sieben Zwergen
ist noch tausendmal
schöner als Ihr!"

Sie konnte an nichts anderes mehr denken als daran, Schneewittchen umzubringen. Am nächsten Morgen nahm sie einen Apfel, der zur Hälfte grün und zur Hälfte rot war. In die eine Hälfte spritzte sie Gift. Dieses Mal besuchte sie Schneewittchen als Bäuerin verkleidet.

„Ich möchte dir nur diesen saftigen Apfel schenken", sagte die Bäuerin lächelnd und zeigte ihr den rotgrünen Apfel. „Sieh mal, ich beiße selbst hinein, also kann er nicht vergiftet sein." Und sie biss in die Hälfte, die nicht vergiftet war.

Als sie sah, dass der Apfel der Bäuerin gut bekam, nahm Schneewittchen auch einen Bissen von dem Apfel. Sofort fiel sie um, als wäre sie tot.

Als die Zwerge an jenem Abend heimkehrten, konnten sie Schneewittchen nicht wieder zum Leben erwecken.

Dabei war sie gar nicht tot, nur in einen so tiefen Schlaf gesunken, dass es aussah, als würde sie nie wieder daraus erwachen.

Die traurigen Zwerge bauten ihr einen Sarg aus Glas und stellten ihn in

den Bergen auf, wo jeder, der vorbeikam, ihre Schönheit bewundern konnte. Denn obwohl sie viele Jahre schlief, blieb sie so schön wie zuvor. Ihre Haut war weiß wie Schnee, ihre Haare schwarz wie der Flügel eines Raben, und ihre Lippen blieben rot wie Blut.

Eines Tages sah ein schöner Prinz den gläsernen Sarg und verliebte sich in das schlafende Mädchen.

„Erlaubt mir, dass ich sie in mein Schloss mitnehme“, bat der Prinz die Zwerge. „Ich kann nicht mehr leben, ohne Schneewittchen zu sehen.“

Die Zwerge wollten sie nicht hergeben, aber dann sahen sie ein, dass der Prinz Schneewittchen wirklich liebte und willigten ein. Mit großer Vorsicht nahmen die sieben Zwerge den Sarg auf ihre Schultern und liefen bergab, aber sie stolperten, und der vergiftete Apfelbissen fiel aus Schneewittchens Kehle. Sie erwachte sofort und verliebte sich im selben Augenblick in den Prinzen.

Die Hochzeit war prachtvoll. Alle Untertanen im Königreich waren

eingeladen und sie waren sich einig, dass die Braut die Schönste von allen war.

Die böse Königin hatte inzwischen gehört, dass ihr Plan wieder gescheitert war. In ihrem Zorn zerschmetterte sie den verzauberten Spiegel und betrachtete von diesem Moment an nie mehr ihr eigenes Spiegelbild.

Anja und der Zauberteppich

Es war einmal in einem fernen Land ein Sultan, in dessen prachtvollem Palast viele Menschen lebten. Auch Anja, ein kleines Dienstmädchen, wohnte dort – sie war hübsch und musste sehr viel arbeiten.

Eines Tages holte Anja gerade Teller, als sie von der Köchin aus der Küche gerufen wurde. Wie immer klang sie sehr ärgerlich.

„Ich bin hier, Frau Köchin", rief Anja, „ich hole die Teller ..."

„Ja, dann beeile dich mal!", fauchte die Köchin und riss Anja das Tablett aus der Hand. Als sie jedoch danach griff, rutschten die Teller scheppernd herunter.

„Jetzt sieh dir das an!", rief die Köchin. „Geh mir bloß aus den Füßen, bevor du noch mehr anstellst!"

Anja rannte hinaus, sauste die staubigen Treppen hinauf bis zu einer Mansarde im Turm des

Palastes. Hier lag ihr Versteck. Hier störte sie niemand – bis auf die Ratten, die an den Teppichen nagten, die dort gelagert wurden.

Anja rollte einen Teppich aus und setzte sich. Dann zog sie sich, wie schon tausende Male zuvor, das zerbrochene Medaillon über den Kopf und betrachtete die Frau auf dem darin liegenden Bild. Beim Anblick des lächelnden Gesichts ging es ihr immer besser.

Dieses verschrammte alte Medaillon war Anjas einziger Besitz. Solange sie denken konnte, arbeitete sie schon im Palast. Alle waren der Meinung, sie solle glücklich darüber sein. „Du könntest auch wie andere Waisenkinder auf der Straße leben", sagten sie. Aber Anja war nicht glücklich. Sie war einsam und hatte das Gefühl, dass niemand sie gern hatte. „Ich wünschte, jemand hätte mich lieb", seufzte sie, und eine Träne lief

über ihre Wange und landete mit einem leisen Plop auf dem Boden.

Plötzlich gab es einen heftigen Ruck in dem Teppich, auf dem sie saß. Dann glitt er über den staubigen Boden der Mansarde, hob ab und schwebte in der Luft!

„Ein ZAUBERTEPPICH!", rief Anja

verwundert. „Ich dachte, die gibt es nur im Märchen!"

Der Teppich zitterte, als wolle er widersprechen, und begann wie wild im Zimmer umherzufliegen, immer zwischen den Dachsparren durch.

„Huuuu! Wo bringst du mich hin?", fragte Anja lachend, als der Zauberteppich geradewegs aus dem offenen Fenster in die kühle Nachtluft flog. Das fühlte sich wundervoll an! Der Teppich flog immer schneller, hoch oben über den Dächern der Stadt. Als sie die Stadt lange hinter sich gelassen hatten, ging er im Sturzflug tiefer und schwebte über einem schönen Teich, in dem die Tiere einen Nachttrunk einnahmen. Als der Zauberteppich langsam zwischen den Tieren umherflog, grüßte Anja jedes einzelne mit einem freundlichen Wort.

Der Teppich landete neben einem netten Hirsch. Anja hüpfte herunter und nahm einen tiefen Schluck aus dem Teich. Das Wasser schmeckte sehr gut, und Anja lächelte glücklich in die Runde.

Dann kletterte Anja wieder auf den Teppich, und es ging weiter. Bei dem Flug über Berge und Seen klammerte sich das Mädchen fest. Ihr war gar nicht

bewusst gewesen, dass die Welt außerhalb des Palastes so ungeheuer groß war.

Es dauerte nicht lange, bis sie eine Stadt erreichten, in der Anja noch nie gewesen war. Der Teppich stürzte sich nach unten und flog an den Fenstern mehrerer prunkvoller Häuser vorbei. Anja musste laut lachen, als sie sah, wie die Leute über sie und den Teppich staunten.

Endlich landete der Teppich an einem Flussufer. „Puh!“, keuchte Anja, „das war aber eine harte Landung!“

„Wer bist du?“, fragte eine Stimme.

Anja drehte sich um und bemerkte eine alte Frau auf einer Bank am Ufer. Die Frau hatte ein liebes Gesicht, aber Anja hatte noch nie so traurige Augen gesehen.

„Ich heiße Anja“, sagte sie schüchtern. „Entschuldigen Sie bitte, dass ich in Ihrem Garten gelandet bin ...“

Aber die alte Frau schien sie gar nicht zu hören. Sie schaute unverwandt in die Sterne. Anja beobachtete in aller Stille ihr Gesicht. Es war merkwürdig, aber sie hatte das Gefühl, der Frau schon einmal begegnet zu sein – aber das war doch nicht möglich, oder?

„Ich liebe die Sterne, Sie auch?“, fragte Anja in der Hoffnung, das Gespräch in Gang zu halten. „Manchmal wünsche ich mir etwas von ihnen!“

Die Frau lächelte traurig. „Das tue ich auch!“, seufzte sie. „Ich wünsche mir, dass ich eines Tages meine Enkelin finde." Eine Träne lief über ihre Wange, während sie weitersprach. „Wir haben sie in einem Sturm auf dem Meer verloren. Ihre Eltern sind inzwischen gestorben, aber ich suche schon seit sieben Jahren nach ihr."

„Wie schrecklich!", sagte Anja.

In diesem Augenblick beleuchtete ein Mondstrahl das alte Medaillon an Anjas Hals. Die alte Frau sprang auf und griff nach der Kette. „Woher hast du die?", fragte sie aufgeregt.

„Ich weiß es nicht", sagte Anja. „Ich bin ein Waisenkind. Ich wurde als Baby mit dieser Kette um den Hals gefunden."

Zitternd suchte die alte Frau in ihrem Umhang und holte ein altes Medaillon hervor, das genau so aussah wie Anjas. Mit zitternden Händen drückte sie die beiden Hälften aneinander. Sie passten genau!

„Was hat das alles zu bedeuten?", fragte Anja atemlos.

„Das bedeutet, dass du meine Enkelin bist!", rief die alte Frau voller Freude. „Meine Tochter hat dieses Medaillon bei deiner Geburt in zwei Teile zerbrochen. Sie hat jedem von uns beiden eine Hälfte mit ihrem Bild gegeben."

„Jetzt habe ich also jemanden gefunden, der mich lieb haben wird!", flüsterte Anja noch ungläubig.

„Oh ja!“, antwortete die alte Frau. „Und jetzt, da ich dich wiedergefunden habe, werde ich dich nie wieder gehen lassen!“

In dem Moment spürte Anja einen Stups von hinten. Es war der Zauberteppich. „Du hast mich absichtlich hierher gebracht!“, rief Anja glücklich. „Vielen Dank dafür, dass du meinen Wunsch erfüllt hast!“ Der Teppich schwebte sanft vor ihnen, sauste dann durch die Bäume und verschwand.

„Wo er wohl jetzt hinfliegt?“, fragte Anja lächelnd und hängte sich an den Arm ihrer Großmutter. „Hoffentlich erfüllt er nun jemand anderem einen Wunsch!“

Cinderella

Es war einmal ein Mann, der lebte glücklich und zufrieden mit seiner schönen Tochter in einem fernen Land. Eines Tages heiratete er wieder. Seine neue Frau war weder lieb noch freundlich, außerdem brachte sie zwei schlecht gelaunte Töchter mit. Sie waren so gemein und hässlich, dass sie auf die schöne Tochter des Mannes neidisch wurden. So neidisch, dass sie ihr all ihre schönen Kleider wegnahmen und sie zwangen, als Dienstmädchen für sie zu arbeiten. Das arme Mädchen arbeitete von früh bis spät. Sie kochte alle Mahlzeiten, putzte alle Zimmer und kümmerte sich

darum, dass nirgends das Feuer ausging. Wenn sie im Haus nichts mehr zu tun hatte, musste sie den hässlichen Schwestern beim Anziehen helfen und ihnen die Haare bürsten.

Nachts, wenn die hässlichen Schwestern in ihren bequemen Betten schnarchten, legte ihre schöne Stiefschwester sich neben den Herd in die Asche. Deshalb sah sie immer staubig und verrußt aus und wurde Cinderella genannt.

Eines Tages brachte der Bote des Königs eine Einladung zu einem Ball, den der König für seinen Sohn,

den Prinzen, gab. Alle jungen Mädchen im Land waren eingeladen, denn der Prinz suchte eine Braut.

Die hässlichen Schwestern freuten sich und begannen sofort zu überlegen, was sie anziehen sollten.

„Darf ich mitkommen?“, fragte Cinderella. „Ich war noch nie auf einem Ball.“

„Aber nein, du Dummerchen“, lachte ihre Stiefmutter sie aus und zeigte auf die Lumpen, die sie trug. „Was willst du denn anziehen? Außerdem würde kein Prinz der Welt ein so dummes, verrußtes Gesicht wie deins anschauen wollen. Aber mach dir nichts draus, du kannst meinen Töchtern helfen, wenn sie sich für den Ball fein machen.“

An dem Abend der Ballnacht brauchten die hässlichen Schwestern eine Ewigkeit fürs Anziehen.

Der armen Cinderella schwirrte schon der Kopf von den Befehlen, die sie ihr zubellten. „Fester, fester!“, rief die eine, während Cinderella versuchte, das Mieder um ihre dicke Taille zu schnüren.

„Aua! Das tut weh!“, schimpfte die zweite, als Cinderella versuchte, ihre Haare zu entwirren.

Als sie schließlich zu dem Ball fuhren, sank Cinderella nieder und weinte. „Wenn ich doch auch auf den Ball gehen könnte!“, schluchzte sie.

„Und genau das wirst du tun“, sagte eine freundliche Stimme. Cinderella wischte die Tränen fort und blickte hoch. Vor ihr stand ihre gute Fee.

Cinderella staunte sehr, wie du dir denken kannst. Bis zu diesem Augenblick hatte sie gar nicht gewusst, dass sie eine gute Fee hatte.

„Aber ich habe doch gar nichts anzuziehen“, sagte sie. „Und eine Kutsche habe ich auch nicht, ich würde gar nicht mehr pünktlich hinkommen.“

„Besorge mir diese Dinge“, sagte die Fee und zog eine Liste aus dem Ärmel. „Dann bringe ich dich hin.“

Cinderella schaute auf die Liste und runzelte die Stirn. Aber sie war ein liebes Mädchen und tat rasch, wie ihr befohlen. Fünf Minuten später brachte sie die Dinge an, die auf der Liste standen: einen Kürbis, sechs weiße Mäuse, einen Frosch und zwei Eidechsen.

Ihre gute Fee nahm ihren Zauberstab und berührte den Kürbis. Auf der Stelle verwandelte er sich in eine goldene Kutsche. Dann berührte sie die Mäuse mit dem Zauberstab und verwandelte sie in sechs weiße Pferde.

Als nächstes wurden der Frosch in einen schicken Kutscher und die beiden Eidechsen in zwei prächtig gekleidete Dienstboten verwandelt.

„Und nun zu dir“, sagte die gute Fee und zeigte mit dem Zauberstab auf Cinderella. Die Lumpen des Mädchens wurden zu einem feinen Ballkleid aus Samt, und die Holzschuhe an ihren Füßen verwandelten sich in zarte Tanzschühchen.

„Jetzt auf zu deinem Ball, viel Spaß“, sagte die gute Fee. „Aber denk dran: Du musst den Ball vor Mitternacht verlassen, denn um Punkt zwölf löst sich der Zauber und alles wird sein wie zuvor.“

Die Diener halfen Cinderella in die Kutsche, der Kutscher hob die Zügel, und los ging’s.

Als Cinderella den Ballsaal betrat, waren alle

atemlos vor Staunen über ihre berückende Schönheit. „Darf ich um diesen Tanz bitten?", fragte der Prinz. Cinderella willigte erfreut ein. Der Prinz tanzte den ganzen Abend nur mit ihr. Cinderellas hässliche Schwestern erkannten sie nicht in ihrem feinen Kleid. Wütend waren sie dennoch. „Ich weiß gar nicht, was der Prinz an ihr findet, das ist doch die reinste Bohnenstange", spottete die eine. „Nicht gerade eine Schönheit, das finde ich auch", höhnte die andere. Es war die schönste Nacht in Cinderellas Leben. Sie hatte so viel Spaß, dass sie beinahe die Warnung der guten Fee vergessen hätte. Kurz vor zwölf fiel sie ihr gerade noch ein.

„Ich muss gehen", sagte sie zu dem Prinzen. Bevor er sie daran hindern konnte, flüchtete

sie in die Nacht hinaus. Aber als sie die Treppen des Palastes hinunterrannte, verlor sie einen ihrer Tanzschuhe. Sie wagte es nicht anzuhalten. Sie merkte nicht einmal, dass der Prinz den Schuh aufhob. Als es zwölf schlug, verschwand Cinderellas Ballkleid, und sie stand wieder in Lumpen da. An der Stelle, wo die Kutsche gestanden hatte, fand sie den Kürbis vor.

Die arme Cinderella musste zu Fuß nach Hause laufen. Sie schaffte es knapp, bevor ihre Stiefmutter mit ihren Töchtern zurückkam.

Am nächsten Tag verkündete der Prinz, dass er das Königreich durchreisen wolle, um die Besitzerin des zierlichen Schühchens zu suchen. „Jedes Mädchen im Königreich soll ihn anprobieren, und das Mädchen, dem er passt, soll meine Braut werden.“

Selbstverständlich wollten alle Mädchen im Königreich den Prinzen heiraten. Ungeachtet der Schuhgröße versuchten sie, ihren Fuß in den winzigen Schuh zu quetschen, aber er war allen zu klein.

Schließlich kam der Prinz zu dem Haus, in dem Cinderella wohnte. Cinderellas Stiefmutter wollte unbedingt, dass eine ihrer Töchter den Prinzen heiratete.

„Nun zieh schon!", zischte sie und versuchte, den Fuß ihrer Tochter in den Schuh zu zwängen. „Kannst du denn nicht einmal etwas richtig machen?", schimpfte sie mit der anderen, als sie den Schuh nicht über ihre knubbeligen Zehen streifen konnte.

„Habt Ihr denn nicht noch eine Tochter?", fragte der Prinz, als Cinderellas Stiefmutter eingestehen musste, dass der Schuh nicht passte.

„Ja, Cinderella", antwortete sie, „aber die ist kaum mehr als eine Dienstmagd." Der Prinz aber bestand darauf, dass Cinderella das Schühchen anprobierte, das ihr natürlich passte wie angegossen. Der Prinz betrachtete die schäbige Gestalt vor sich und lächelte. Unter all dem Schmutz und Dreck erkannte er das schöne Mädchen, mit dem er getanzt hatte.

„Meine einzig wahre Liebe", rief er, setzte sie hinter sich aufs Pferd und ritt mit ihr davon.

Der kleine Welpe

Zotti gähnte, schob sich an seinen Geschwistern vorbei und fiel aus dem Körbchen. Er trottete zu seinem Schälchen, schlabberte ein bisschen Wasser, dann wartete er darauf, dass die anderen Welpen aufwachten. Im Augenblick schliefen sie noch: acht kleine Welpen mit goldenem Fell, die genauso aussahen wie Nora, ihre schöne Mutter.

Nora hatte neun Junge geworfen. Manchmal wuselten sie alle durcheinander auf einem großen Haufen, ansonsten spielten sie Fangen, knabberten einander an den Ohren oder taten so, als seien sie große, starke ausgewachsene Hunde. Die anderen Welpen neckten Zotti und nannten ihn „Flecki“, aber Zotti war das egal. Er fand es toll, zu der goldhaarigen Welpenbande zu gehören. Nach einigen Wochen kamen fremde Menschen zu Besuch, die ein Hündchen suchten, von dem sie immer geträumt hatten.

Alle lobten die hübschen Welpen, und keiner ging, ohne mindestens einen von ihnen mitzunehmen.

Schon nach kurzer Zeit waren nur noch fünf Welpen übrig.

„Du denkst wohl“, sagte Bertie, die Katze, zu Zotti, „dass dich auch bald jemand mitnimmt, was?“

Zotti unterbrach das Spiel mit seiner kleinsten Schwester und blinzelte. Er hatte noch gar nicht darüber nachgedacht, wie es wäre, von zu Hause fortzugehen.

„Nun ja, ich denke schon“, sagte er schließlich. „Obwohl es mir natürlich Leid täte, Mama und die anderen zu verlassen.“

„Ich würde mir keine allzu großen Sorgen machen“, sagte die Katze grinsend. „Ich hege nämlich erheblichen Zweifel, dass dich jemand aussuchen würde.“

„Und warum?“, fragte Zotti.

„Schau doch mal in den Spiegel“, antwortete Bertie mit einem Lächeln. „Vielleicht begreifst du es dann.“

Zotti tapste zum Spiegel und sah hinein. Ein kleiner weißbrauner Hund mit einem Fleck über einem seiner runden braunen Augen blickte ihn an.

„Wer ist denn das?“, fragte Zotti verwirrt.

„Das bist du, Dummi!“, schnaubte Bertie.

„Ich? Aber ich sehe überhaupt nicht so aus wie Mama und meine Geschwister“, sagte er kleinlaut.

„Sag ich ja“, sagte Bertie.

„Du bist eben etwas Besonderes“, sagte seine Mutter, als Zotti ihr berichtete, was Bertie ihm erzählt hatte. „Lass dich von Bertie nicht verrückt machen.“

Aber Zotti wusste, dass Bertie Recht hatte. Niemand würde ihn auswählen.

An jenem Nachmittag nahmen ein Junge und ein Mädchen Zottis kleinste Schwester mit.

„Wahrscheinlich haben sie mich genommen, weil ich so hübsch bin!“, sagte sie und winkte Zotti zum Abschied.

„Das stimmt!“, zischte Bertie. „Einer, der so komisch aussieht wie du, wird nie ein Zuhause finden.“

Nach einiger Zeit waren nur noch zwei Welpen übrig.

„Langsam wird es knapp“, sagte Bertie.

„So, wie es aussieht, wirst du wohl ins Tierheim kommen. Du kannst ja schließlich nicht für immer hier bleiben, das weißt du doch?"

Als es am nächsten Morgen klingelte, blickte Zotti kaum von seinem Körbchen hoch.

„Nehmt mich", bellte Zottis Bruder. „Schaut mal, wie niedlich und goldig ich bin. Nicht so wie dieser komische alte ‚Flecki' hier."

Zotti seufzte. Sein Bruder hatte ja Recht – keiner wollte einen Welpen wie ihn. Aber zu Zottis großer Überraschung steuerten die beiden goldhaarigen Mädchen, die geklingelt hatten, direkt auf ihn zu. Die eine hob ihn gleich hoch.

„Guck mal, Mama!", rief sie. „Der sieht genauso aus wie in Geminas Buch. Und sieh mal sein Halsband. Er heißt auch noch Zotti! Den müssen wir nehmen!"

„Er ist genau richtig", sagte ihre Mutter lächelnd. „Gemina findet ihn bestimmt wunderbar."

„Bestimmt nicht“, dachte Zotti.

Aber da fuhr Zotti schon mit seiner neuen Familie davon. Endlich hielt das Auto vor einem roten Häuschen. Zotti wurde hochgehoben und hineingetragen. Nach langem Gekicher und Geflüster, von dem Zotti überhaupt nichts verstand, wurde er schließlich in ein Hinterzimmer gesteckt. „Oh je“, dachte Zotti, „bin ich etwa im Tierheim gelandet? Soll ich hier die ganze Zeit alleine bleiben?“ Er legte den Kopf auf die Pfoten und wartete.

Es dauerte nicht lange, bis der Vater der Mädchen das Zimmer betrat. „Komm, mein Junge“, sagte er freundlich und nahm Zotti auf den Arm. Er band ein rotes Band um Zottis Hals und brachte ihn in einen hellen sonnigen Raum.

Die Mutter und die beiden blonden Mädchen knieten auf dem Boden neben einem kleinen Berg von Geschenken. Bei ihnen saß ein freundliches kleines Mädchen, das Zotti noch nicht kannte. Sie war jünger als die beiden anderen, hatte einen roten Wuschelkopf, Sommersprossen und runde braune Augen. Ein kleines Mädchen, das ihrer goldhaarigen Mutter und ihren Schwestern kein bisschen ähnlich sah!

„Herzlichen Glückwunsch zum Geburtstag, Gem“, sagten die beiden blonden Mädchen und strahlten sie an.

Als Gemina Zotti sah, setzte sie sich hin und lächelte. Zotti warf sich in ihre Arme, und sie drückte ihn an sich.

„Na“, fragte ihre Mutter lachend, „wie findest du ihn?“

Zotti hielt den Atem an. Würde sie gleich sagen, dass er hässlich sei? Wollte sie ihn etwa wieder zurückgeben?

„Er ist genau richtig“, sagte Gemina sanft. „Das ist genau das Hündchen, das ich immer haben wollte. Er soll Zotti heißen, genau wie in meinem Buch!“

Die Schneekönigin

Es war einmal ein böser Zauberer, der gerne Dummheiten machte. Das Schlimmste, was er sich jemals ausgedacht hatte, war ein Zauberspiegel. Der Spiegel war anders als alle anderen, denn alles, was sich in ihm spiegelte, erschien darin hässlich. Schöne Felder sahen aus wie matschige Sümpfe und die hübschesten Menschen wie alte Hexen. Der Zauberer war so stolz auf seinen Spiegel, dass er mit ihm um die Welt flog und alles durcheinander brachte. Eines Tages flog er gerade hoch über der Erde, als er so laut über all das Elend lachen musste, das er mit seinem Spiegel anrichtete, dass er ihm aus der Hand glitt und unten auf der Erde in tausend Stücke zersplitterte. Sie landeten überall – einige trafen in die Herzen

der Menschen und machten sie kalt und hart. Andere flogen den Menschen in die Augen und ließen alles, was sie sahen, verdreht und hässlich erscheinen.

Der größte Splitter fiel auf die Schneekönigin, die über das eisige Land im Norden herrschte. Von diesem Augenblick an war sie die kälteste und gemeinste Frau aller Zeiten.

In großer Entfernung vom Eispalast der Schneekönigin lebten ein kleiner Junge und ein kleines Mädchen namens Kai und Gerda. Gerda war Kais beste Freundin und umgekehrt, und sie liebten einander sehr. Sie spielten jeden Tag zusammen, sogar im Winter, wenn der eisige Atem der Schneekönigin über das Land blies. An einem winterlich kalten Tag bauten Kai und Gerda einen Schneemann auf dem Dorfplatz, als Kai plötzlich laut aufschrie.

„Aua! Mir ist etwas ins Auge geflogen!“, weinte er. „Und im Herzen tut es auch weh.“ Splitter des Zauberspiegels hatten auch Kai getroffen.

„Kann ich dir helfen?“, fragte Gerda.

„Verschwinde!“, rief Kai und trat auf den Schneemann ein. Als Gerda anfing zu weinen, lachte Kai. Dann stieg er auf seinen kleinen Schlitten und sauste davon.

Kai spielte allein im Schnee weiter, bis ein großer Schlitten anhielt. Kai konnte nicht erkennen, wer den Schlitten steuerte, aber es war ihm auch egal. Er befestigte seinen Schlitten hinten an dem großen Fahrzeug, und als es losfuhr, zog es ihn mit davon. Der Schlitten fuhr immer weiter und schleppte Kai über die gesamte Strecke bis zu einem Eispalast. Als sie angekommen waren, stieg die Fahrerin vom Schlitten und rief mit eiskalter Stimme:

„Komm, Kai,
dir ist bestimmt kalt.“

Es war die Schneekönigin. Kai fürchtete sich nicht. Er bekam nicht einmal Angst, als sie sich zu ihm hinunterbeugte und ihm einen eiskalten Kuss auf die Wange gab. Der Kuss verzauberte Kai. Er bewirkte, dass Kai Gerda vergaß und glaubte, die Schneekönigin sei der beste Mensch, den er je gesehen hatte. Das Schlimmste aber war, dass der Kuss sein Herz in Eis verwandelt hatte.

Zu Hause suchte Gerda überall nach Kai. Alle Dorfbewohner schlossen sich ihr an, aber Kai blieb verschwunden. „Vielleicht ist er in einen Fluss gefallen", überlegte ein alter Mann.

Gerda nahm ihre roten Lieblingsschuhe und warf sie in den Fluss. Sie flehte ihn an, ihr Kai zurückzugeben, aber der Fluss hatte Kai nicht gesehen und schwemmte die roten Schuhe zurück.

„Wie kann ich Kai nur finden?", weinte Gerda. Als hätte der Fluss ihre Frage verstanden, erschien ein kleines Boot am Ufer. Gerda sprang hinein, und das Boot fuhr wie von allein den Fluss hinunter. Sie fuhr immer weiter und weiter durch Länder und Königreiche, von denen sie noch nie gehört hatte.

Schließlich hielt das Boot in einem Wald an.

„Wo bin ich?", fragte Gerda, als sie einem Rentier begegnete.

„In Lappland", antwortete das Rentier.

„Hast du einen kleinen blonden Jungen gesehen?", fragte Gerda.

„Ich glaube, so ein Junge wohnt bei der Schneekönigin im Norden", sagte das Rentier. „Spring auf, dann helfe ich dir suchen."

Das Rentier galoppierte Tag und Nacht, bis sie endlich am Palast der Schneekönigin ankamen. Als Gerda vor den eiskalten Mauern stand, zitterte sie vor Angst. Aber sie wusste, dass nur sie Kai retten konnte.

In dem Palast fühlte sich Kai kalt und allein. Die Schneekönigin war nicht da, und Kai hatte nur Eisschollen zum Spielen. Die Schneekönigin hatte ihm gesagt, er dürfe nach Hause gehen, wenn er die Eisschollen zu dem Wort „FREI!" anordnen könne. Aber so oft er es auch versuchte, es gelang ihm nicht. Als Gerda ihren geliebten Freund entdeckte, lief sie schnell

zu ihm. Sie nahm ihn in die Arme und weinte, als sie merkte, dass er sie nicht einmal erkannte. Ihre Tränen waren so rein und so voller Liebe, dass sie Kais zu Eis gefrorenes Herz erweichten, als sie auf seine Brust fielen. Auch Kai begann zu weinen, und seine Tränen schwemmten den eisigen Splitter aus seinem Auge. Er sah hinunter auf die Eisschollen, die sich auf einmal wie von selbst zu dem Wort „FREI!" geformt hatten.

Voller Freude umarmte Kai Gerda. „Du bist die beste Freundin, die man sich wünschen kann", sagte er lächelnd.

Die Tränen der Trauer verwandelten sich rasch in Freudentränen.

„Komm, wir fahren nach Hause", schlug Gerda lachend vor. Und von nun an trennten sich Kai und Gerda nimmermehr.

Der kleine Drache lernt fliegen

Vor langer, langer Zeit lebte ein wütender Drache in einer Berghöhle über dem Dorf Dragonia. Dem Drachen selbst war noch niemand persönlich begegnet, aber viele Leute hatten Flammen aus der Höhle schlagen sehen, wenn sie ihr zu nahe gekommen waren.

Eines Tages pflückte Jakob, ein kleiner Junge, Blumen in der Nähe der Drachenhöhle. Er stieß mit dem Zeh an etwas, das er für einen Stein hielt, aber der Stein sagte plötzlich „Aua!". Dann sprang er auf und versteckte sich hinter einem Felsen. Jakob bekam einen ordentlichen Schrecken – das war überhaupt kein Stein! „Ich m ... mache ... g ... gerade ein Nickerchen", beklagte sich jemand mit ängstlicher Stimme.

„Wer bist du denn?“, fragte Jakob.

„Ich bin d ... der D ... Drache, und wenn d ... du nicht wegläufst, sp ... spucke ich Feuer auf dich“, stotterte das Wesen. Nach einer kleinen Pause fragte es noch: „Bist du groß?“

„Ich bin größer als mein Bruder“, sagte Jakob. „Ich bin sieben.“

Ein grüner knubbeliger Kopf mit spitzen Ohren und Nasenlöchern auf Stielen sah vorsichtig hinter dem Felsen hervor.

„Das ist witzig“, sagte der Drache. „Ich bin auch sieben.“

Er kam um den Felsen herum, ein erstaunlich kleiner Drache. Er war genauso groß wie Jakob mit Flügelstummeln auf dem Rücken, die auch nicht größer waren als Jakobs Hände.

„Kannst du fliegen?“, fragte Jakob.

„Ich habe es noch nie probiert“, sagte der Drache.

„Noch nie?“, staunte Jakob.

„Nein, noch nie.“ Allein bei dem Gedanken ans Fliegen fing er schon an zu zittern.

„Jetzt lauf bitte weg und erzähle bloß niemandem, dass ich nur ein kleiner Drache bin, sonst stochert noch jemand in meiner Höhle herum und erschreckt mich.“ Er verschwand.

Als Jakob im Dorf ankam, hätte er am liebsten jedem von dem kleinen Drachen erzählt. Aber dann erinnerte er sich daran, wie ängstlich er gewesen war, und ließ es lieber sein. Damit wäre die Sache erledigt gewesen, wenn die Dorfbewohner nicht so arm gewesen wären. So überlegten sie eines Tages alle gemeinsam, was sie dagegen tun könnten.

„Ich weiß was", sagte der Metzger, „wir lassen einen Ritter kommen, der soll mit dem Drachen kämpfen und wir nehmen Geld fürs Zuschauen."

In jenen Tagen war das nicht ungewöhnlich, und die Dorfbewohner fanden die Idee allesamt hervorragend. Sie luden den ortsansässigen Ritter zum Kampf mit dem Drachen ein.

Das hättet ihr sehen sollen, wie viele Leute erschienen waren! Sie jubelten und klatschten, als der Ritter in die Berge aufbrach. Jakob war der Einzige, der es nicht sehen konnte. Er war schon unterwegs, um den Drachen zu warnen. Da er jedoch vor lauter Eile nicht auf den Weg achtete, rutschte er plötzlich aus.

„Ahhhh!", schrie er, als er holterdipolter den Berg hinunterpurzelte. Er landete hart auf einem schmalen Felsvorsprung.

„Hilfe! Hilfe!", rief er, aber niemand hörte ihn, nur der Drache, der kurz darauf zu ihm herübersah.

„Nun hilf mir doch!", flehte Jakob.

„Wie bitte?", fragte der Drache, der vor Furcht zitterte. „Wie soll ich das denn machen?"

„Kannst du nicht rüberfliegen und

mich retten?“, fragte Jakob.

„Spinnst du? Ich bin doch noch nie im Leben geflogen“, antwortete der Drache.

„Aber ich bin doch nur hier hochgekommen, um dich vor dem Ritter zu warnen, der dich töten will“, bettelte Jakob.

„Oooooh“, sagte der Drache. „Nichts wie weg!“

Armer Jakob. Er fürchtete sich so sehr, dass er nur noch weinen konnte. Der Drache, der noch nicht weit gekommen war, hatte selbst genug Erfahrung mit dem Weinen. Als Drache allein zu leben, war eine einsame Angelegenheit, deshalb weinte er oft.

„Bitte weine nicht“, sagte er und schaute wieder zu Jakob herüber.

„Aber vielleicht muss ich sterben“, sagte Jakob.

„Oh je, kannst du denn nicht wieder hochklettern?“

„Nein!“, schluchzte Jakob.

„Du hast es doch noch gar nicht versucht!“, sagte der Drache schroff. Er stampfte so fest mit dem Fuß auf, dass er selbst ins Rutschen kam.

„WHOOOOAH!“, schrie er, als er den Berghang hinunterraste.

„Ooooooooh!“, heulte er, als er an dem Felsvorsprung vorbeiraste, auf dem Jakob hockte.

„Schlag mit den Flügeln und flieg!“, brüllte Jakob.

„Ooooooh“, schluchzte der Drache.

„Flieg!“, flehte Jakob.

Wer weiß, warum der Drache plötzlich mit den Flügeln schlug, aber er tat es. Er flog!

„Sieh mal, ich kann fliegen!“, keuchte er, holte Jakob schwungvoll von dem Felsvorsprung und schwang sich flügelschlagend zur Bergspitze hoch.

„Na, wie findest du das?“, fragte er lachend und ließ Jakob nicht sonderlich sanft vor der Drachenhöhle fallen.

„Ach, da bist du ja!“, keuchte jemand. Das war der Ritter. Er war völlig außer Atem, weil er in seiner schweren Rüstung den Berg heraufgeklettert war.

„Bitte, töte den Drachen nicht“, bettelte Jakob.

„J ... jaa, bitte töte mich nicht“, sagte auch der Drache mit bebender Stimme.

„Das würde mir im Traum nicht einfallen“, rief der Ritter. „Habe ich doch mit eigenen Augen gesehen, wie sich dieser tapfere Drache vom Berg gestürzt hat, nur um dich zu retten! Das war eine der mutigsten Heldentaten, die ich je gesehen habe!“

Das erzählte der Ritter auch den Dorfbewohnern, nachdem er Jakob sicher den Berg hinuntergebracht hatte.

Die Dorfbewohner freuten sich so sehr, dass sie ein Fest zu Ehren des kleinen Drachen veranstalteten. Sie tanzten und sangen zu Kuchen und Butterbroten, und es gab jede Menge zu trinken. Alle hatten viel Spaß, auch der kleine Drache, denn Jakob hatte ihn überredet, mitzumachen.

Der kleine Drache hatte plötzlich so viele neue Freunde, dass er sich kaum ihre Namen merken konnte. Noch nie im Leben war er so glücklich gewesen. Er war sogar so glücklich, dass er seinen Schatz mit den Dorfbewohnern teilen wollte. Ihr wisst ja sicherlich, dass alle Drachen über ihren eigenen Schatz wachen.

So kam es, dass die Dorfbewohner nicht mehr arm waren und dass der Drache nicht mehr einsam war und alle glücklich lebten bis an ihr Ende!

Die Wichtelmänner

Es waren einmal ein Schuster und seine Frau. Der Schuster arbeitete den ganzen Tag, aber er verdiente nie genug Geld. Im Gegenteil, er wurde immer ärmer. Eines Tages hatte er nur noch Leder für ein einziges Paar Schuhe übrig. An diesem Abend schnitt er das Leder zu und ließ es auf der Werkbank liegen, um es am nächsten Morgen weiterzuverarbeiten.

Der Schuster schlief

schlecht, weil er sich Sorgen um die Zukunft machte. Als er aber am nächsten Morgen die Werkstatt betrat, traute er seinen Augen nicht. Wo er das zugeschnittene Leder hingelegt hatte, standen die feinsten Schuhe, die er je gesehen hatte. Kein Stich daran war falsch, ja, man konnte die Stiche kaum sehen. „Solche Schuhe habe ich noch nie gesehen", sagte der Schuster zu seiner Frau.

Sie konnten sich nicht erklären, wer sie wohl angefertigt hatte. Dennoch stellten sie die Schuhe stolz ins Schaufenster. Am späten Vormittag kam eine prächtig gekleidete Dame und probierte sie an. „Das sind die bequemsten Schuhe aller Zeiten", fand sie und gab dem Schuster doppelt so viel Geld, wie er verlangt hatte.

Der Schuster freute sich – jetzt hatte er genug Geld, um sich etwas zu Essen zu kaufen sowie Leder für zwei Paar Schuhe.

An diesem Abend schnitt er das

Leder für die neuen Schuhe sorgfältig zu. Wieder ließ er es auf der Werkbank liegen, um am nächsten Morgen daran weiterzuarbeiten.

Als er am nächsten Tag damit anfangen wollte, standen zu seiner Freude wieder zwei Paar Schuhe dort, wo er das Leder hingelegt hatte. Und wieder waren sie hervorragend verarbeitet.

Nur wenig später kam ein Edelmann in den Schusterladen. Als der Schuster ihm die beiden neuen Paare zeigte, war er so begeistert, dass er gleich beide anprobierte. Sie passten wie angegossen, und der Edelmann gab dem Schuster sehr viel Geld dafür.

Nun konnte der Schuster Leder für vier Paar Schuhe kaufen. Bevor er an jenem Abend schlafen ging, schnitt er das Leder sorgfältig zu, in der Absicht, die Schuhe am nächsten Morgen fertig zu stellen.

Als er aber am nächsten Morgen erwachte, fand er vier Paar makellose Schuhe auf seiner Werkbank. Und wieder konnte er sie für einen hohen Geldbetrag verkaufen.

So ging es weiter. Nachts schnitt der Schuster das Leder

für den nächsten Morgen zu. Morgens fand er an derselben Stelle Schuhe, die so hervorragend verarbeitet waren, dass er keinen falschen Stich daran finden konnte.

Tag für Tag kamen reiche Leute in den Schusterladen, um die besten Schuhe zu kaufen. Nach und nach wurden der Schuster und seine Frau auf diese Weise recht wohlhabend, aber sie glaubten nie daran, dass sie auch weiterhin so viel Glück haben würden.

Eines Abends kurz vor Weihnachten sagte der Schuster zu seiner Frau: „Sollen wir heute Abend mal aufbleiben und sehen, wer unsere Schuhe schustert?“ Seine Frau war sofort einverstanden, und die beiden versteckten sich in jener Nacht hinter den Kleidern in der hinteren Ecke der Werkstatt. Dann warteten sie, aber lange Zeit geschah überhaupt nichts. Um Mitternacht jedoch tanzten zwei winzig kleine Männchen herein. Sie waren barfuß und trugen Lumpen, aber der Schuster erkannte sofort, dass es

Wichtelmänner waren. Die beiden Männchen bemerkten den Schuster und seine Frau nicht, kletterten auf die Werkbank und begannen zu nähen und zu stechen. Der Schuster konnte kaum glauben, wie schnell sie arbeiteten, und sie hörten erst auf, als sie fertig waren. Dann tanzten sie davon in die Nacht.

Am nächsten Morgen beschlossen der Schuster und seine Frau, den Wichtelmännern etwas zu schenken. Schließlich verdankten sie ihnen ihren Reichtum. Sie gingen sofort los und kauften die feinsten Stoffe und das weichste Leder, das sie finden konnten. Abends setzten sie sich daran, den Wichtelmännern neue Kleider anzufertigen. Viele Nächte lang arbeiteten sie an den Kleidern, bis sie am Heiligabend fertig wurden. Anstelle des üblichen zugeschnittenen Leders legten der Schuster und seine Frau die neuen wunderschönen Kleider auf die Werkbank. Dann versteckten sie sich und warteten. Um Mitternacht betraten die Wichtelmänner tanzend die Werkstatt und

kletterten auf die Werkbank. Sie staunten, als sie die winzigen Kleidungsstücke sahen. Freudestrahlend zogen sie ihre neuen Sachen an und tanzten dann singend in die Nacht hinaus.

Nach dieser Nacht sahen der Schuster und seine Frau die Wichtelmänner nie wieder, aber das machte ihnen nichts aus. Sie hatten sich für ihre Hilfe bedankt, und von da an war das Glück auf ihrer Seite. Mit der Zeit wurden sie sehr reich und lebten noch lange glücklich und zufrieden.

Ärger mit Findus

Findus war der netteste Gnom im ganzen Wald. Er wurde nie wütend, nein, er lächelte alle an und war für jeden Spaß zu haben. „Viel Glück", rief er jedes Mal, wenn er Georg, dem Gnom, mit dem Fischernetz in der Hand begegnete, und stets bot er Trixie, dem Pixiemädchen, seine Hilfe beim Träufeln des Morgentaus an.

Du kannst dir vorstellen, wie erstaunt sie alle waren, als Findus eines Morgens schlechte Laune hatte.

„Guten Morgen, Findus!", sagte Trixie.

„GUT?", sagte Findus mit gerunzelter Stirn. „Was soll an diesem Morgen gut sein?", fragte er und wandte Trixie den Rücken zu. Trixie starrte Findus überrascht an. Was war nur los mit ihm? Sonst war er doch immer höflich und freundlich zu ihr.

In diesem Augenblick trafen sie Georg, den Gnom, der schnaufend zum Fluss marschierte. „Na, hast

du einen neuen Witz auf Lager, Findus?", fragte er und winkte ihm zu.

„Dass du versuchst, Fische zu fangen – das ist echt ein Witz", antwortete Findus grob. Mit diesen Worten ging er ins Haus und knallte die Tür zu.

„Das passt überhaupt nicht zu Findus!" Georg schnappte nach Luft. „Wir müssen sofort herausfinden, was er hat."

Am späten Vormittag riefen Trixie und Georg ihre Freunde zusammen um herauszufinden, warum Findus so unleidlich war.

Alle schwätzten laut durcheinander, während die Pixies, Gnome, Elfen und Kobolde überlegten, was schief gegangen war.

„Vielleicht hat Findus Zahnschmerzen", schlug Gobbel vor. „Davon bekomme ich immer schlechte Laune."

„Findus hat gar keine eigenen Zähne", antwortete Georg. „Daran kann es nicht liegen."

„Hat er vielleicht Hunger?", meinte die Rosarote Elfe. „Ich bin immer sauer, wenn ich Hunger habe."

„Findus frühstückt immer besonders gut", sagte Trixie. „Es muss etwas anderes sein."

Plötzlich rief jemand von ganz hinten: „Ich weiß, was ihn stört!“ Das kam von Kieselstein, dem schlauesten Pixie im Wald. „Er schläft nicht genug. Er hat sich bei mir darüber beklagt, dass der Bach neben seinem Haus ihn nachts nicht schlafen lässt. DARUM ist er so gemein.“

„Kieselstein hat Recht!“, rief Georg zappelig vor Aufregung. „Das hat er mir auch erzählt. Aber was können wir da machen? Wir können den Bach doch nicht vom Plätschern abhalten.“

„Ich habe eine Idee, wie wir Findus zu Schlaf verhelfen können!“, rief Kieselstein. „Allerdings müssen die Tiere im Wald uns helfen. Nun kommt mal alle her, dann erkläre ich euch meinen Plan.“

„Hoffentlich hindert dieser Bach mich nicht schon wieder am Schlafen“, murmelte Findus vor sich hin, als er an diesem Abend ins Bett gehen wollte. „Ich möchte ausnahmsweise mal gut schlafen.“

Er wollte gerade ins Bett springen, als er draußen lauten Lärm hörte.

„TOCK! TOCK! TOCK!“

Das Geräusch wurde noch lauter und kam in immer kürzeren Abständen.

„TOCK! TOCK! TOCK! TOCK! TOCK!“

„Was in aller Welt –!“, schrie Findus und streckte ein schlecht gelauntes Gesicht aus dem Fenster. Da, auf

einem Ast über seinem Fenster hockte ein Specht, entschlossen, ein Loch in den Baumstamm zu hacken. „Kann man denn nie seine Ruhe haben?“, grummelte Findus, warf das Fenster zu und stopfte sich ein Taschentuch in die Ohren.

Dann ging er mit einer Wärmflasche wieder ins Bett. Kaum hatte er es sich jedoch unter der Bettdecke gemütlich gemacht, als er ein Summen hörte. Bzzzzz! Das Geräusch wurde lauter und kam näher. BZZZZZZZZZZZZZZZZZZZZZZZZ!

Findus sprang aus dem Bett und öffnete schwungvoll das Fenster. An seinem Fenstersims hing ein laut summender Bienenschwarm.

„Also wirklich!“, stöhnte Findus. „Müssen die um diese nachtschlafende Zeit so einen Krach machen?“

Findus machte das Licht aus und legte sich wieder hin. KRRRK! Findus saß aufrecht im Bett. KRRRK! KRRRK! KRRRK!

„WAS IST DENN JETZT SCHON WIEDER?“, schrie er, lief zum Fenster und sah nach unten. An den Baumwurzeln scharrte ein Kaninchen in der Erde und buddelte sich einen Bau.

„BITTE lasst mich endlich schlafen!“, heulte Findus, als er wieder ins Bett krabbelte und sich die Decke über den Kopf zog.

Aber er konnte sie immer noch hören:
TOCK! TOCK! TOCK! BZZZ! BZZZ! BZZZ!
KRRRK! KRRRK! KRRRK!

Genau in dem Moment, als Findus endgültig glaubte, wahnsinnig zu werden, hörte der Lärm plötzlich auf. Er hörte nur noch das Gurgeln des sprudelnden Baches, der an seinem Haus vorbeifloss. Nach all den lauten Geräuschen erschien es ihm wie ein sanftes Wiegenlied, das den erschöpften Gnom in den Schlaf sang.

Findus seufzte tief und glücklich. „Endlich!“, sagte er lächelnd und schlüpfte unter die Bettdecke. Bald konnte man in dem kleinen Haus nichts mehr hören, nur noch das Schnarchen des glücklichen Gnoms.

Am nächsten Morgen erschien Findus wie verwandelt, als er seine Freunde am Gartentor traf. „Guten Morgen!“, rief er, als Georg mit seinem Fischernetz vorbeikam. „Danke!“, gluckste er, als Trixie, das Pixiemädchen ihn auf ihrem Weg mit Morgentau beträufelte. Findus war wieder wie früher!

„Du hast aber gute Laune heute!“, sagte Kieselstein im Vorübergehen. „Stimmt!“ Findus lächelte den schlauen Pixi an. „Du glaubst gar nicht, was eine gute Mütze voll Schlaf ausmachen kann! Letzte Nacht habe ich hervorragend geschlafen. Weißt du, inzwischen finde ich das Plätschern des Baches eigentlich ganz angenehm.“

Mit einem wissenden Lächeln winkte Kieselstein den anderen zu. „Ich glaube auch, dass alles besser ist als der Lärm, den unsere kleinen Helfer gemacht haben“, sagte er und grinste.

Die zertanzten Schuhe

Es war einmal ein König, der hatte zwölf schöne Töchter. Tagsüber waren sie die liebsten Prinzessinnen, aber sie verrieten ihrem Vater nicht, was sie nachts taten. Das war merkwürdig, denn er verriegelte jeden Abend die Tür zu ihrem Schlafsaal, und dennoch waren jeden Morgen ihre Schuhe so abgetragen, als hätten sie die ganze Nacht getanzt.

Es kostete den König viel Geld, seinen Töchtern ständig neue Schuhe zu kaufen, und langsam wurde er wütend.

Deshalb ließ der König ausrufen, dass derjenige, der herausfände, wo die zwölf Prinzessinnen nachts tanzten, eine von ihnen zur Braut nehmen dürfe. Kurz darauf nahmen zwölf edle Prinzen die Herausforderung an. Neben dem Bett jeder

Prinzessin saß ein Prinz und hielt Wache. Bevor es Mitternacht schlug, waren jedoch alle Prinzen eingeschlafen. Als sie morgens aufwachten, war es offensichtlich, dass die Prinzessinnen wieder getanzt hatten, denn ihre Schuhe hatten Löcher. Die zwölf Prinzen verließen das Königreich mit leeren Händen.

Eines Tages lief ein armer Soldat durch den Wald in der Nähe des Königspalastes. Er traf eine alte Frau, die ihn fragte: „Wo willst du denn hin?“

„Ich möchte herausfinden, wo die Prinzessinnen nachts tanzen“, antwortete er.

„Aha.“ Meckernd lachte die alte Frau. „So schwer ist das gar nicht. Pass nur auf, dass du nichts trinkst, was die Prinzessinnen dir anbieten.“ Dann gab sie ihm ein Mäntelchen und sagte: „Wenn du das umhängst, bist du unsichtbar und kannst den Prinzessinnen heimlich nachschleichen.“

Der arme Soldat machte sich auf den Weg zum Schloss, wo er sein Glück versuchen wollte. Als er in jener Nacht Wache halten wollte, brachte ihm die älteste Prinzessin ein Glas Wasser. Er bedachte die

Warnung der alten Frau und schüttete das Wasser fort. Dann lehnte er sich zurück und tat so, als ob er schliefe.

Als die Prinzessinnen ihn schnarchen hörten, zogen sie ihre Kleider an. Nachdem sie die Schuhe angezogen hatten, die der König erst am Morgen neu gekauft hatte, schauten sie nach, ob der Soldat noch schliefe. Zufrieden mit der Wirkung ihres Schlaftrunks lief die älteste Prinzessin zu ihrem Bett und klatschte in die Hände.

Der Soldat blinzelte und sah erstaunt zu, wie das Bett im Boden versank und sich eine Falltür auftat. In aller Ruhe beobachtete er, wie eine Prinzessin nach der anderen durch die Falltür verschwand, sprang dann auf, legte sich das Mäntelchen um und wurde unsichtbar. Er sauste die Treppen so eilig hinunter, dass er der jüngsten Prinzessin ein wenig aufs Kleid trat.

„Jemand hält mich am Kleid fest“, rief die Prinzessin. Die anderen Prinzessinnen aber lachten sie aus und scheuchten sie weiter.

Als sie unten angekommen waren, folgte der Soldat den Prinzessinnen durch eine Tür in einen wunderschönen Baum-

gang. Die silbernen Blätter an den Bäumen schimmerten so hell, dass der Soldat eines davon mitnahm.

„Was war das?“, fragte die jüngste Prinzessin. „Wir werden verfolgt, da bin ich mir sicher.“

Die anderen Prinzessinnen glaubten ihr nicht und scheuchten sie weiter. Am Ende des Baumgangs lag ein See, an dessen Ufer zwölf Boote mit zwölf stolzen Prinzen warteten. Als endlich in jedem Boot ein Prinz und eine Prinzessin Platz genommen hatten, sahen die Boote aus, als würden sie sinken, wenn auch noch der Soldat einstiege. Er sah sich die Prinzessinnen genau an und überlegte, welche wohl die leichteste war. Dann stieg er in das Boot mit der jüngsten Prinzessin - es schaukelte und quietschte beim Einsteigen.

Als der Prinz bereits über den halben See gerudert war, beschwerte er sich, dass ihm das Rudern schwerer fiel als sonst. „Hast du zugenommen?“, fragte er die Prinzessin. „Unsinn“, antwortete diese und trieb ihn zur Eile an.

Am anderen Seeufer stand ein goldenes Schloss, wohin der Soldat den Prinzessinnen und ihren Prinzen folgte. Die ganze Nacht sah er ihnen beim Tanzen zu. Kurz vor Sonnenaufgang folgte er den Prinzessinnen, noch immer unsichtbar, auf ihrem Heimweg.

Auf der Treppe zum Schlafsaal überholte sie der Soldat, warf das Mäntelchen ab und legte sich schnarchend in den Stuhl, bevor die erste Prinzessin über die Falltür wieder ins Zimmer trat.

Die Prinzessinnen glaubten, der Soldat schliefe tief und fest, und ihr Geheimnis sei sicher wie zuvor.

Am nächsten Morgen brachte der Soldat das silberne Blatt zum König und erzählte ihm, was er gesehen hatte. Der König freute sich sehr und fragte ihn, welche Prinzessin er zur Braut haben wolle.

Der Soldat nahm die jüngste Prinzessin, die fand er hübscher und klüger als ihre Schwestern. Sie selbst war auch entzückt, denn der Soldat gefiel ihr noch besser als der Prinz.

Kurz darauf heirateten der Soldat und die Prinzessin und auf dem anschließenden

Ball tanzte die jüngste Prinzessin bis Mitternacht mit ihrem frisch gebackenen Ehemann. Und ihre elf Schwestern? Nun, die tanzten bis zum frühen Morgen!

Schimmer und der Fluss

„Wie oft habe ich dir schon gesagt, dass du nicht wegschwimmen sollst?“, fragte die Mutter von Schimmer, der Meerjungfrau, als sie von einem Ausflug an die Wasseroberfläche zurückkehrten. „Du weißt genau, dass du nicht an den Fluss beim Strand darfst.“

„Und warum nicht?“, fragte Schimmer. „Was ist daran so schlimm, wenn man dem Fluss zu nahe kommt?“

Aber Schimmers Mutter hatte es eilig und keine Lust, Fragen zu beantworten. „Jetzt nicht, Schimmer“, sagte sie ungeduldig. „Komm jetzt. Ich habe zu viel zu tun, um mich mit dir zu streiten.“

In diesem Augenblick landete Mira, die Möwe, auf einem großen Felsen in ihrer Nähe. „HUHU, Mira, Liebes!“, rief Schimmers Mutter und sauste mit einem schwungvollen Schlag ihres Fischschwanzes durchs Wasser. „Ich würde gerne etwas mit dir besprechen. Hast du einen Moment Zeit?“

„Ich dachte, wir haben es eilig!“, murmelte Schimmer und ließ sich auf einem Felsvorsprung nieder.

„Das dauert doch wieder ewig!“

Plötzlich sah die gelangweilte kleine Meerjungfrau einen Schwarm Engelhaie vorbeiflitzen. „Süß!“, rief sie und vergaß alle Ermahnungen ihrer Mutter, nicht zu weit davonzuschwimmen. Mit einer leichten Schwanzdrehung schwamm sie los und spielte Verstecken mit den bunten Fischen. Sie sausten zwischen den Felsen hin und her und durchquerten einige Unterwassertore.

Als Schimmer die Fische beinahe eingeholt hatte, drehte der Schwarm blitzartig um und verschwand in einer Höhle.

„Ihr entkommt mir nicht!“, rief Schimmer lachend und schwamm hinter ihnen her.

„Ich weiß, dass ihr da drin seid!“ Aber der glänzende Schwarm war nirgends mehr zu entdecken. Auf der Suche nach ihren kleinen Freunden tauchte Schimmer immer tiefer in die Felstunnel. „Kommt raus!“, rief sie und lauschte ihrem eigenen Echo.

Langsam machte Schimmer sich Sorgen. Es war dunkel in dem Tunnel, und außer ihr war kein Lebewesen zu sehen.

„Ich sollte wohl besser umkehren“, sagte sie zu sich selbst, als sie sich an die Warnung ihrer Mutter erinnerte. „Aber wo geht’s lang?“ Schimmer probierte einen Tunnel aus, dann einen anderen, aber keiner von ihnen führte in die richtige Richtung. Sie hatte sich verirrt!

„Ich muss mich einfach für einen Tunnel entscheiden und ganz hindurchschwimmen!“, beschloss sie und schwamm in den hellsten Tunnel hinein. „Irgendwo muss er ja enden!“

Schimmer schwamm schon eine Ewigkeit durch den Tunnel, als ihr etwas Seltsames auffiel. Je heller das Licht am anderen Ende wurde, desto wärmer wurde das Wasser – außerdem schmeckte es komisch. Da war ja gar kein Salz drin!

Schließlich schwamm sie aus dem Tunnel hinaus in einen großen Teich. Erstaunt rieb Schimmer sich die Augen. So einen Teich hatte sie noch nie gesehen. Nirgends gab es gelben Sand oder Tang, stattdessen war das Ufer samtgrün und überall wuchsen merkwürdige Pflanzen.

„Das muss der Fluss sein!“, keuchte sie atemlos und schaute sich um.

„Wie schön es hier ist. Ich frage mich wirklich, warum wir hier nicht hindürfen."

In diesem Augenblick hörte Schimmer jemanden husten. Als sie sich umdrehte, erblickte sie einen großen grünen Frosch auf einem Stein in ihrer Nähe. „Was bist du für ein komischer Fisch?", quakte er.

„Ich bin doch kein Fisch!", rief Schimmer überrascht. „Ich bin eine Meerjungfrau! Ich wohne im Ozean!"

„Im Ozean!", quakte der Frosch und lachte breit. „Das ist ja großartig, mal jemanden aus dem OZEAN zu treffen!" Dann quakte er sehr laut. Plötzlich kamen alle möglichen Waldtiere hinter den Büschen hervor und wollten Schimmer begrüßen.

„Sie sind erstmal weggelaufen, als sie dich gesehen haben", gluckste der Frosch. „Wir haben noch nie eine Meerjungfrau gesehen! Bitte, erzähl uns alles über den Ozean!"

Schimmer war einverstanden und beschrieb den Tieren ihr Zuhause. Sie erzählte vom Versteckspiel mit den Fischen, von den freundlichen Delfinen, den knurrigen Krebsen und Hummern,

von bezaubernden Korallenriffen und den darin lebenden Seeanemonen. Sie war so ins Erzählen vertieft, dass sie den Schatten gar nicht bemerkte, der plötzlich den Teich verdunkelte. Es spritzte und platschte laut, als Mira, die Möwe, neben ihr im Wasser landete.

„Gott sei Dank habe ich dich gefunden!“, krächzte die Möwe. „Wir müssen sofort aufbrechen. Beeil dich! Ich zeige dir den kürzesten Weg zurück ins Meer.“

„Das ist ungerecht!“, beschwerte sich Schimmer beleidigt. „Ich will noch nicht nach Hause. Wetten, dass Mama dich geschickt hat?“

Mira schaute sie ernst an. „Stimmt“, sagte sie. „Und weißt du auch warum? Meerjungfrauen werden krank, wenn sie zu lange im Süßwasser schwimmen. Wenn du mir nicht glaubst, sieh dir mal deine Schuppen an!“

Oh je, Schimmers Schuppen, die sonst hell glänzten, waren blass und stumpf geworden.

„Entschuldige, Mira!“ Schimmer schämte sich. „Ich wollte nicht, dass ihr euch Sorgen macht. Ich will versuchen, mehr auf Mama zu hören. Ich habe hier gerade erst viele neue Freunde kennen gelernt, und jetzt wird es bestimmt

schwierig, sich weiter zu treffen, oder?“

Mira dachte nach. „Wie wär’s, wenn ich Botschaften hin und her bringen würde? Ich komme häufig hier vorbei.“

Schimmer und ihre Freunde aus dem Wald waren begeistert. „Wir nehmen einfach die Möwenpost!“, sagte Schimmer lachend und winkte ihren Freunden zum Abschied. Dann verschwand sie mit einem Schlag ihres Fischschwanzes unter Wasser und schwamm zurück ins salzige Meer, wo Meerjungfrauen hingehören.

Das Feuerzeug

Es war einmal ein armer Soldat, der aus dem Krieg heimkehrte und im Wald eine alte Frau traf.

„Du siehst aus, als könntest du ein wenig Gold gebrauchen“, sagte die alte Frau. „Ich könnte dir behilflich sein.“

„Wie denn?“, fragte der Soldat.

„Nimm meine Schürze und klettere in diesen hohlen Baum da“, sagte die alte Frau. „Dort führt eine Treppe hinunter in eine Höhle, wo drei Türen in drei verschiedene Kammern führen. In der ersten sitzt ein Hund, der hat ein Paar Augen so groß wie Teetassen, der bewacht eine Kiste mit Kupfermünzen. In der zweiten Kammer sitzt ein Hund mit Augen so groß wie Mühlräder, der bewacht eine Kiste mit Silber. In der dritten Kammer aber sitzt ein Hund, der hat ein Paar Augen so groß wie Turm-

uhren, der bewacht eine Kiste mit Gold. Wenn du all diese Hunde auf meine Schürze setzt, bleiben sie ruhig, bis du dir genug von den Schätzen genommen hast."

„Das klingt großartig", rief der Soldat und wollte schon in den Baum klettern.

„Warte doch", rief die alte Frau. „Als Gegenleistung sollst du mir ein altes Feuerzeug mitbringen, das dort herumliegt."

Der Soldat war einverstanden. Was sollte ein Feuerzeug schon wert sein? Schließlich war es nur dazu da, Feuer zu geben, so wie Streichhölzer.

Kurz darauf erreichte der Soldat die Höhle unter dem Baum. Wie die alte Frau gesagt hatte, gab es drei Türen, von denen er sich eine aussuchen konnte. Durch die erste Tür betrat er eine Kammer, die von einem Hund bewacht wurde, der Augen hatte so groß wie Teetassen. Der Hund war zwar ziemlich Furcht erregend, aber der Soldat setzte ihn mutig auf die Schürze der alten Frau.

Der Hund blieb ruhig, während der Soldat die Kiste öffnete und eine Jackentasche mit Kupfermünzen füllte.

Dann ging der Soldat in die zweite Kammer, die von einem Hund mit einem Paar Augen in der Größe von Mühlrädern bewacht wurde. Auch diesmal hatte der Soldat keine Angst, sondern setzte den Hund einfach auf die Schürze und füllte die andere Jackentasche mit Silbermünzen.

Zuletzt betrat er die dritte Kammer. Als er den Hund mit den Augen so groß wie Turmuhren erblickte, fürchtete er sich doch ein wenig. Aber er setzte ihn rasch auf die Schürze, hob den Deckel der Kiste an und staunte über das viele Gold, von dem er immer schon geträumt hatte. Der Soldat warf die Kupfer- und die Silbermünzen fort und füllte all seine Taschen mit Gold.

Er fand auch das Feuerzeug, stieg die Treppe wieder hoch und ging zurück zu der alten Frau, die auf ihn gewartet hatte.

„Weil du so ehrenhaft

warst, sollst du das Gold und das Feuerzeug behalten", sagte die alte Frau gackernd. Mit diesen Worten verschwand sie.

Der Soldat steckte das Feuerzeug in die Tasche und vergaß es im Laufe der Weiterreise. Kurz darauf kam er in eine schöne Stadt und suchte sich ein teures Wirtshaus. Niemand hätte gedacht, dass er nur ein armer Soldat war. Er freundete sich mit vielen Leuten an und war sehr großzügig mit seinem Gold.

Eines Tages erzählte ihm einer seiner neuen Freunde von einer schönen Prinzessin, die von hohen Mauern umschlossen im Palast lebte.

„Außer dem König und der Königin darf niemand sie besuchen", erklärte ihm sein Freund. „Das liegt an der Vorhersage, dass sie einen armen Soldaten heiraten wird. Ihre Eltern wollen verhindern, dass sie einen Mann überhaupt erst kennen lernt."

Der Soldat wäre der Prinzessin gern begegnet, aber er wusste nicht wie und schlug sich den Gedanken aus dem Kopf.

Er lebte so angenehm weiter, bis er eines Morgens feststellte, dass er all sein Geld ausgegeben hatte und in eine kleine Holzhütte ziehen musste.

Eines Abends saß er in seiner Hütte und wünschte, er hätte etwas, womit er die Kerze anzünden könnte, als ihm das Feuerzeug wieder einfiel. Er holte es hervor und schlug Feuer. Auf der Stelle erschien der Hund mit den Augen so groß wie Teetassen. Er schlug noch einmal Feuer, und es erschien der Hund mit den Augen so groß wie Mühlräder. Beim dritten Mal saß der Hund mit den turmuhrengroßen Augen vor ihm.

„Was befehlt Ihr, Herr?“, heulten die Hunde. Der Soldat bat sie, ihm so viel Kupfer, Silber und Gold zu beschaffen, wie sie bekommen konnten. Auf diese Art wurde er wieder reich. Er zog in das schöne Wirtshaus zurück und lebte wie zuvor, aber manchmal fühlte er sich einsam.

Eines Tages kam ihm ein Gedanke, als er das Feuerzeug hervorholte. Er schlug einmal Feuer, und sofort stand der Hund mit den Augen so groß wie Teetassen vor ihm.

„Ich wünsche die Prinzessin zu sehen“, befahl der Soldat.

Mehr konnte er auch gar nicht sagen, denn schon war der Hund unterwegs und brachte ihm die schlafende Prinzessin. Sie war so schön, dass der Soldat ihr die Hand küsste, bevor er den Hund in den Palast zurückschickte.

Am nächsten Morgen erzählte die Prinzessin ihren Eltern, dass sie davon geträumt habe, auf einem Riesenhund zu reiten, und von einem Soldaten, der ihr die Hand geküsst hatte.

„Das klingt eigentlich nicht wie ein Traum", dachte die Königin und schickte einen Diener als Wache zu ihrer Tochter.

Der Soldat schickte den Hund wieder los, um die Prinzessin zu holen.

Diesmal aber folgte ihm der Diener und beobachtete, wie der Hund die Prinzessin in das Wirtshaus brachte, in dem der Soldat wohnte. Der Diener malte ein weißes Kreuz an die Tür des Wirtshauses, damit er es der Königin am nächsten Morgen zeigen konnte.

Als der Hund aber vom Palast heimkam, in den er die Prinzessin zurückgebracht hatte, sah er das Kreuz und malte Kreuze an alle Türen in der Stadt. So konnte die Königin das richtige Haus nicht finden, aber sie gab

nicht auf. An diesem Abend band sie der Prinzessin einen Beutel um den Bauch, füllte ihn mit Sand und machte ein Loch hinein. In jener Nacht bemerkte der Hund, der die Prinzessin zum Haus des Soldaten brachte, die Sandspur nicht. Am nächsten Morgen fanden der König und die Königin den Soldaten.

„Möchtest du noch irgendetwas sagen, bevor wir dich ins Gefängnis werfen?", fragte der König.

„Ich würde gern ein letztes Pfeifchen rauchen", antwortete der Soldat.

Da der König ihm diese Bitte nicht abschlagen wollte, zog der Soldat sein Feuerzeug hervor und schlug dreimal Feuer. Auf der Stelle erschienen alle drei Hunde vor ihm.

„Rettet mich!", schrie der Soldat. Der Hund mit den Augen so groß wie Turmuhren hielt den König

und die Königin in Schach, während die anderen beiden den Soldaten und die Prinzessin in ein weit entferntes Königreich trugen.

Glücklicherweise gab es in diesem Königreich gerade keinen König und keine Königin, sodass die Leute darauf bestanden, dass die gekrönte Prinzessin die Herrschaft übernahm – und ihr Soldat mit ihr!

Ronny der Riese

Ronny war ein Riese, aber er war anders als die anderen Riesen. Während seine riesengroßen Freunde gerne laut grölend umherzogen, war Ronny am liebsten in aller Ruhe nett zu anderen.

Er hatte nichts dagegen, seinen Riesenfreunden zu helfen, aber noch lieber tat er den kleinen Menschen einen Gefallen, die in dem Dorf unterhalb des Berges wohnten, auf dem er selbst lebte.

Die Dorfbewohner hatten ihn gern, jedenfalls, wenn er aufpasste, wo er hintrat, denn er war größer als ihr höchstes Haus. Solange er also auf Zehenspitzen ging, ohne ihre Gärten zu zertreten oder sich an ihren Häusern anzulehnen oder laut zu brüllen wie andere Riesen, fanden die Dörfler es gut, wenn er hier und da aushalf. Du kannst dir nicht vorstellen, wie nützlich so ein hilfsbereiter Riese sein kann. Er pflügte die Felder, indem er seine starken Finger durch die Erde zog. Er räumte

Schnee, indem er Schneebälle daraus machte, die er an die Berghänge pappte. Er half beim Bau und beim Reparieren der Häuser – die Dorfbewohner brauchten keine Kräne für ihre Dächer, denn Ronny nahm das alte Dach einfach ab und legte sorgfältig ein neues auf das Haus.

Im Herbst half er bei der Apfelernte und säte den Samen im Frühling. Er brachte die Menschen auf seinen breiten Schultern, wohin sie wollten, und suchte verirrte Schafe. Er hätte alles für die Leute getan.

Die Dorfbewohner fanden Ronny wunderbar und gaben ihm oft Essen als Belohnung für die harte Arbeit. Denn Ronny mochte das Essen der Menschen sehr, es machte ihn fast so glücklich, wie ihnen zu helfen. Alles in allem war Ronny also ein sehr zufriedener Riese. Nur eins machte ihn Jahr für Jahr unglücklich – die Versammlung der Riesen, eine Riesenparty, auf der die Riesen viel aßen und tranken und funkelnde Preise gewannen.

„Dieses Jahr wird es wieder genauso sein“, erzählte Ronny dem Dorfschmied einen Tag, bevor die Versammlung auf der anderen Seite des Berges in Gigantia stattfinden sollte. „Alle anderen Riesen bekommen wieder Preise über Preise, und ich bekomme nichts. Wahrscheinlich, weil ich nichts Besonderes oder Schlaues tue.“

Am nächsten Tag traf Ronny die anderen Riesen auf der Riesenversammlung. Er lachte, klatschte und jubelte, als der Hauptmann der Riesen jedem seiner riesigen Freunde einen Preis überreichte. Es gab Preise für Rennen, Springen, Werfen und Schwimmen. Viele Preise gab es auch für Klugheit und für die Veranstalter der wildesten Partys. Es gab sogar einen Preis für den Riesen, der am lautesten

„Wir machen Klirr,
wir machen Klang,
wir machen alle Leute,
BANG!“ brüllen konnte. Wie in den vergangenen Jahren bekam Ronny keinen einzigen Preis. Als der Hauptmann den letzten Preis vergeben hatte und alle anderen Riesen sich gegenseitig beglückwünschten und auf die Schulter klopften, war Ronny traurig, denn er fühlte sich ausgeschlossen.

„Nun ja“, dachte er, „jetzt ist diese Party auch vorbei.“ Aber das stimmte gar nicht! „Ich bitte um eure Aufmerksamkeit!“, rief der Riesenhauptmann, als Ronny gerade nach Hause gehen wollte. „Jedes Jahr treffen wir uns hier zu unserer Riesenversammlung und haben viel Spaß.“

„Hört, hört!“, schrien die Riesen. Der Riesenhauptmann hob die Hand, und es wurde wieder still.

„Wir vergeben viele verschiedene Preise, aber einen haben wir in all den Jahren, seit ich Hauptmann geworden bin, noch nie vergeben, und das ist der für die größte Begabung überhaupt. Nie haben wir einen Preis für Freundlichkeit und Hilfsbereitschaft vergeben.

Nun, dieses Jahr ist es so weit.“

Der Riesenhauptmann trat an den Rand der Bühne und verkündete: „ES WIRD NIEMANDEN WIRKLICH ÜBERRASCHEN, WENN ICH VERRATE, WER DER LIEBSTE RIESE AUF DER GANZEN WELT IST: RONNY!“

Die Versammlung tobte. „Guter, alter Ronny!“, riefen alle durcheinander. „Hipp, hipp, hurra für Ronny!“

Alle standen auf, klatschten und jubelten. Ronny taumelte den langen Weg zur Bühne hin, während ihm Tränen des Stolzes über die Wangen liefen. Der Riesenhauptmann lächelte und schüttelte ihm die Hand.

„Du bist sogar so liebenswürdig, dass die Menschen aus dem Dorf unten eine besondere Überraschung für dich vorbereitet haben.“

Ronny wischte sich die Tränen aus den Augen, als seine Freunde aus dem Dorf den größten Kuchen auf die Bühne trugen, den er je gesehen hatte. Ronny strahlte vor Glück. Seine wunderbaren Freunde hatten ihm seine Lieblingsspeise geschenkt!

„Viel Glück und viel Segen ...", sangen sie, und sie sangen, bis der Kuchen aufgegessen war. Das ging sehr schnell, denn Ronny, der liebe Riese, bestand darauf, dass jeder ein Stück davon bekam.

Der Tannenbaum

Draußen im Wald stand ein kleiner Tannenbaum. Er war sehr schön anzusehen, aber glücklich war er nicht. Er fand sich zu klein und wünschte sehnlichst, so groß zu sein wie die Bäume, die ihn überragten.

„Ach, wäre ich doch so groß wie du!", sagte er zu einer Eiche. „Dann könnte ich die Welt von oben anschauen, und Vögel würden in meinen Ästen nisten."

„Deine Zeit wird kommen", sagte ein netter Storch, „genieße deine Jugend. Spüre, wie die Sonne dich wärmt, sieh nur, wie die Vögel und die Tiere um dich herum spielen."

Aber das wollte der kleine Tannenbaum nicht hören. Er träumte lieber von der Zukunft. Eines Tages kamen Holzhauer und fällten einige von den größten Bäumen.

„Wohin sollen sie?", fragte der kleine Tannenbaum.

„Ah", krächzte der Storch, „Bäume wie diese segeln als Schiffsmasten auf den sieben Weltmeeren."

Nun, da stellte sich der Tannenbaum vor, er sei ein Mast, und auf den sieben Weltmeeren zu segeln, klang viel besser als in einem alten langweiligen Wald zu stecken. Danach träumte er ständig von einem Leben auf See, sodass er kaum wahrnahm, dass der Herbst auf den Sommer folgte und der Winter auf den Herbst.

Um die Weihnachtszeit gruben Männer die größten Tannenbäume aus und trugen sie fort.

„Wo bringen sie sie hin?", fragte der kleine Tannenbaum den Storch.

„Ah", krächzte der Storch, „Sie werden in die Häuser der Menschen gebracht und mit Kugeln und Schleifen geschmückt."

Vor Aufregung bebte der kleine Tannenbaum an allen Zweigen. „Oh, das klingt ja noch besser als auf den sieben Weltmeeren zu segeln. Das möchte ich auch."

Wieder verging ein Jahr, und der kleine Tannenbaum wuchs zu einem kräftigen Baum heran. Weihnachten rückte näher, und die Männer

kamen zurück, um sich die schönsten Bäume auszusuchen.

„Nehmt mich! Nehmt mich!“, rief der Tannenbaum. Die Männer konnten ihn natürlich nicht hören, aber sie gruben ihn als Ersten aus, weil er so ansehnlich war.

„Auf Wiedersehen“, rief er seinen Freunden zu, als er fortgetragen wurde. Trotz der holprigen Straße fand der Tannenbaum Gefallen an der Fahrt in die Stadt. Er freute sich, als der Wagen vor einem prächtigen Haus hielt und er selbst heruntergeholt wurde. Ein Mann, eine Frau und zwei Kinder traten aus dem Haus.

„Ist der schön!“, rief die Frau.

„Und so groß“, fand der Mann.

„So grün“, riefen die Kinder.

Der Tannenbaum bebte vor Stolz, als er ins Haus getragen und mit Stamm und Wurzeln in einen Eimer gesteckt wurde.

„Dies ist also mein neues Zuhause“, dachte er. „Es ist so viel prächtiger als der Wald. Und meine neuen Freunde sind so freundlich zu mir.“

Der Tannenbaum wäre vor Glück beinahe geplatzt, als die Kinder ihn

weihnachtlich schmückten. Als zum Schluss der Mann einen goldenen Stern an seine Spitze steckte, fühlte er sich wie der wunderbarste Tannenbaum der Welt.

Der nächste Tag war sogar noch schöner. Erst kamen die Kinder, setzten sich um ihn herum und öffneten ihre Geschenke. Dann wurde gesungen und getanzt. Ach, am liebsten hätte der Tannenbaum mitgemacht.

Abends saßen die Kinder wieder um den Tannenbaum herum, und ihr Vater las wundersame Geschichten vor. Dies war der schönste Tag im Leben des kleinen Baums. Lange nachdem alle ins Bett gegangen waren, zitterte der Baum noch vor Freude. Er konnte es nicht fassen, was für ein bedeutender Baum er war. Außerdem konnte er nicht abwarten, was am nächsten Tag geschehen würde. Früh am nächsten Morgen war er bereit. Er wartete und wartete, aber niemand kam.

Dann hörte er Schritte und Stimmen. „Lasst uns den Baum hier herausholen, bevor er nadelt“, sagte die Frau. „Los, Kinder, wir bringen ihn nach draußen.“ Sie hoben den Tannenbaum hoch und trugen ihn hinaus.

„Wir stellen ihn in den Schuppen“, sagte der Mann.

Im Schuppen war es sehr still und stockfinster. Das gefiel dem Tannenbaum überhaupt nicht.

Tagelang ließen sie ihn dort stehen,

nichts passierte, und er hatte nichts Besseres zu tun, als nachzudenken.

„Der Wald fehlt mir“, dachte der Tannenbaum. „Dort hatte ich so viele nette Freunde. Ich wünschte, ich könnte wieder zurückgehen.“

Eines Tages wurde die Tür des Schuppens geöffnet, und die Kinder stürmten herein. Sie suchten ihren Schlitten. „Hey, da ist ja noch der Weihnachtsbaum“, rief das kleine Mädchen. „Wir wollen ihn im Garten einpflanzen“, sagte der kleine Junge. „Was haben sie mit mir vor?“,

dachte der Tannenbaum, als sie ihn aus dem Schuppen zerrten und in die Erde pflanzten.

Erst war ihm kalt, als er plötzlich wieder draußen stand, aber die Sonne wärmte seinen Stamm, und Vögel hüpften auf seine Zweige. Da strahlte der Tannenbaum vor Glück.

Ein großer Vogel kam auf den Tannenbaum zu. „Hier bist du also. Ich habe dich vermisst." Es war der Storch.

Der Tannenbaum bebte vor Aufregung. Das war das richtige Leben – draußen, wo ein Tannenbaum hingehörte!

Leons Piratenoma

Leon spielte am liebsten Piraten. Er zog sein Piratenkostüm an und überredete seine Oma, ihn durch den Garten zu jagen. Dabei schrie er immerzu aus voller Kehle: „Ahoi! Fertig machen zum Entern!“

Leons Oma spielte gerne mit ihm, aber es war ihr ein bisschen peinlich, so zu tun, als sei sie eine Piratin. Schließlich taten Omas so etwas normalerweise nicht.

Eines Tages spielten Leon und seine Oma gerade Piraten, als der Besitzer des Vergnügungsparks vom Seeufer vorbeispazierte.

Die beiden wurden rot vor Verlegenheit, weil sie erwarteten, dass er die Oma dafür auslachen würde, dass sie so tat, als sei sie eine Piratin. Aber da hatten sie sich geirrt.

„Meine Güte, Sie sind aber eine gute Piratin", sagte der Mann und fragte die Oma, ob sie nicht auf dem Spielpiratenschiff in seinem Vergnügungspark als Piratin arbeiten wolle.

„Oh, ich weiß nicht", begann die Oma, aber als sie sah, wie aufgeregt Leon war, war sie doch einverstanden.

Von diesem Tag an verkleidete sie sich jeden Tag als Piratin und spielte mit den Kindern auf dem Piratenschiff im Vergnügungspark. Manchmal ging Leon mit und half ihr. Erst genierte sich seine Oma etwas, wenn sie auf den Mastkorb kraxelte und rief: „Alle Mann an Bord! Entert das beste Piratenschiff aller Zeiten!" Aber nach kurzer Zeit machte es ihr richtig Spaß.

Viele Kinder kamen ans Seeufer, um sich das Piratenschiff anzusehen. Sie lachten, wenn Leons Oma an Deck herumlief und schrie: „Ho, ho, ho und eine Flasche voll Rum."

Leon freute sich darüber, wie seine Oma die Kinder zum Lachen brachte, und er selbst lachte lauter als alle anderen.

Aber sie hörten alle auf zu lachen, als einige große Jungs die Taue lösten und das Spielpiratenschiff mit Leon, seiner Oma und den Kindern auf den See hinaussegelte.

„Kommt zurück! Kommt zurück!", riefen die Mamas und Papas vom Seeufer.

„Hilfe! Hilfe!", schrien die Kinder.

„Komm, Oma, steuere das Schiff zurück in den Hafen", sagte Leon.

„Aber ich weiß nicht wie", flüsterte sie.

„Aber Oma", sagte Leon, „du musst etwas tun!"

Seine Oma war ja keine echte Piratin, deshalb wusste sie auch nicht, wie man ein echtes Schiff segelt. Stattdessen verteilte sie Schwimmwesten.

Arme Oma. Armer Leon. Arme Kinder. Sie rannten durcheinander über das Deck und zogen mal an diesem, mal an jenem Tau. Keiner wusste, wie man das Schiff zum Wenden bringen oder zurück in den Hafen segeln konnte. Das Schiff segelte immer weiter.

Nach kurzer Zeit war die Oma vom Rennen außer Atem. Sie machte eine Pause und sah an dem Schiff herunter. Die Wellen waren winzig, der See war schön blau, die Sonne schien, und am Himmel trieben nur einige vereinzelte Wolken. „Eigentlich“, sagte sie, „ist es ein herrlicher Tag zum Segeln.“

Die Kinder schauten ebenfalls über die Reling und stimmten ihr zu: „Ja, herrliches Segelwetter!“

„Jungs und Mädels!“, rief die Oma, „wir machen eine Party!“

Alle Kinder waren begeistert.

„Wir machen ein Picknick“, sagte Leons Oma und holte eine Riesentüte Marmeladentörtchen und einen Beutel mit Würstchen im Schlafrock aus der Küche. Dann kochte sie eine große Kanne Kakao. Leon belegte Brötchen mit Schinken, Käse und Tomaten und eines der Kinder wollte harte Eier kochen. Aber die Oma sagte, die Eier lägen schon so lange im Laderaum des Schiffes, dass sie bestimmt schon schlecht seien. Deshalb brachten die Kinder die Eier wieder zurück, aber vorsichtig, weil verdorbene Eier schrecklich stinken, wenn sie zerbrechen.

Als der Kakao fertig und auch alles andere an Deck war, setzten sie sich im Schneidersitz davor und feierten ein Fest.

Es war so schön, und alle hatten so viel Spaß, dass keiner außer Leon merkte, dass das Schiff in die Bucht einer Insel mit Sandstrand steuerte.

„Oma“, sagte Leon, „Land in Sicht.“

„Land ahoi!“, rief die Oma und stand mühsam auf.

„Ein Sandstrand“, riefen die Kinder aufgeregt.

„Hier liegt bestimmt ein Piratenschatz vergraben, ihr Lieben!“, schrie die Oma.

„Entschuldigen Sie bitte, aber da drüben hat noch ein Piratenschiff angelegt“, sagte ein Kind.

So war es! In derselben Bucht ankerte schon ein anderes Piratenschiff, auf dem große Jungs Piraten spielten.

„Das sind die Jungs vom Segelclub!“, sagte die Oma.

„Alle als Piraten verkleidet!“

„Juchhu!“, riefen die Kinder. „Dann können wir ja einen richtigen Kampf unter Piraten veranstalten.“

„Sie hissen die Piratenflagge“, sagte die Oma lachend, als eine Flagge mit Totenkopf und gekreuzten Knochen an die Spitze des Mastes gezogen wurde.

„Fertig machen zum Kämpfen!“, schrie der größte Junge von dem anderen Schiff herüber. An seinem Hut konnte man erkennen, dass er der Kapitän war, denn er trug den gleichen wie die Oma.

„Sie greifen uns an!“, sagte ein kleines Mädchen und lachte.

Im nächsten Augenblick landete ein Haufen schleimiger Seetang neben Leons Oma an Deck.

„Hurra! Sie schießen auf uns!“, rief Leon.

„Wir müssen zurückschießen“, sagte ein anderes Kind. „Wenn wir nichts unternehmen, bewerfen die alles mit Seetang, und dann stinkt’s hier zum Himmel.“

„Stinken! Ich hab’s!“, rief die Oma, „wir machen Stinkbomben!“

Als alle Eier sorgfältig an Deck aufgereiht waren, nahm die Oma das größte Ei und warf es auf das Piratenschiff der großen Jungs.

Es zerbarst an Deck zu einem Eigelbregen.

„Bei Poseidon! Nehmt das, ihr Weicheier!“, schrie die Oma.

„Puh!“, rief ein großer Junge.

„Bäh, was für ein Gestank!“, brüllte ein anderer.

„Iiih! Mit faulen Eiern zu werfen, ist unfair“, rief der Kapitän der Jungen.

Die Kinder hielten sich Taschentücher vor den Mund und warfen mit Eiern, so gut sie konnten. Auf dem anderen Piratenschiff stank es so furchtbar,

dass die Jungs ihren Tang fallen ließen, damit sie sich die Nase zuhalten konnten.

„Wir ergeben uns, wir ergeben uns!“, rief stotternd der Kapitän, der sich die Nase so fest zuhielt, dass er sich anhörte, als wäre er schwer erkältet.

„Bitte lasst uns an Bord, wir halten diesen bestialischen Gestank nicht länger aus.“

Leons Oma ließ die großen Jungs an Bord kommen und fragte dann, was sie nun mit ihnen anstellen solle.

„Wir könnten sie alle an der Mastspitze aufhängen“, schlug ein kleiner Junge ungerührt vor.

„Lieber nicht, dafür sind die zu schwer“, lehnte die Oma lachend ab.

„Oder wir könnten sie den Haien zum Fraß vorwerfen“, meinte ein kleines Mädchen.

„Hier gibt es doch gar keine Haie!" Die Jungen lachten sie aus.

„Hmmm, was sollen wir bloß tun?", überlegte die Oma.

Leon stellte sich auf die Zehenspitzen und flüsterte ihr etwas ins Ohr.

„Naja, ich weiß nicht recht", sagte sie und sah zu ihm hinunter.

„Bitte, Oma", flehte Leon.

Nach einer Denkpause war sie doch einverstanden. „Okay, so machen wir es." Sie wandte sich an den größten Jungen: „Würde es dir etwas ausmachen, über die Laufplanke zu gehen?", fragte sie. „Das ist schließlich eine echte Piratenstrafe."

Die jungen Piraten hielten das für eine sehr gute Idee.

Sie banden ihrem Kapitän eine Augenbinde um und wollten ihn auf die Laufplanke schieben.

„Springen will ich aber nicht", kicherte der Junge, der eigentlich gerne in den See gesprungen wäre.

„Kein Problem“, sagte die Oma, die es nicht nett gefunden hätte, jemanden in den See zu schubsen. „Aber irgendetwas musst du tun. Wenn du ein echter Pirat wärst, würdest du auch eine saftige Strafe bekommen.“

„Och, zwingt mich doch bitte, hineinzuspringen“, rief der junge Kapitän.

Das wollte die Oma aber nicht.

Plötzlich hatte Leon noch eine tolle Idee. Er flüsterte sie seiner Oma wieder ins Ohr.

„Wirklich eine gute Idee!“, rief seine Oma. „Du kannst mir das Segeln beibringen, dann kann ich die Kinder zum Vergnügungspark zurückbringen.“

Damit war der junge Kapitän, der eigentlich der Kapitän des Segelclubs war, gerne einverstanden. Es gab nur eins, was er lieber spielte als Piraten, und das war Segellehrer. Leons Oma war außerdem so eine gute Piratin, dass sie das Segeln so schnell erlernte wie ein Pirat braucht,

um seinen Pferdeschwanz von rechts nach links zu schwingen.

„Vielen Dank", rief sie den großen Jungs zu, als sie das Schiff aus der Bucht heraussteuerte.

Seit das Spielpiratenschiff vom Vergnügungspark fortgesegelt war, hatten viele Menschen Angst bekommen. Deshalb war dort eine große Menge versammelt, als die Oma zurückgesegelt kam – sogar der Besitzer war da.

Als der Eigentümer Leons Oma grimmig anschaute und so aussah, als wolle er mit ihr schimpfen, sahen die Kinder sich an und begannen zu jubeln.

„Leons Oma, sie lebe hoch!", riefen sie. „Sie lebe hoch, dreimal hoch, die beste und tapferste Piratin, die jemals auf den sieben Weltmeeren gesegelt ist!"

„Hipp, hipp, hurra!
Hipp, hipp, hurra!
Hipp, hipp, hurra!“

„So eine liebe Oma!“, rief der Eigentümer des Vergnügungsparks.

„Vielen Dank dafür, dass Sie auf unsere Kinder aufgepasst haben!“, riefen die Mamas und Papas.

Leon war sehr stolz auf seine Oma.

„Fertig machen zum Entern!“, erklärte er und umarmte sie. „Du bist die beste Oma der Welt!“

„Und du bist der beste Enkel, den sich ein Pirat nur wünschen kann“, antwortete seine Oma lächelnd.

Die goldene Gans

Es waren einmal ein Holzfäller und seine Frau. Sie hatten drei Söhne. Die beiden ältesten Söhne waren schlau und verzogen, aber der jüngste wurde Dummling genannt, weil er eben nicht so schlau und verzog en war. Seine Eltern und Brüder lachten ihn ständig aus.

Eines Tages konnte der Holzfäller nicht im Wald arbeiten und schickte stattdessen seinen ältesten Sohn. Seine Mutter, die ihren Ältesten herzlich liebte, packte ihm einen leckeren Pfannkuchen und Limonade ein und winkte ihm noch lange nach. Bevor er anfing zu arbeiten, wollte der älteste Sohn, der nämlich faul war,

erstmal einen Happen essen. Er setzte sich auf einen Baumstamm und packte das leckere Essen seiner Mutter aus. Aber bevor er richtig zugreifen konnte, erschien plötzlich ein kleines merkwürdiges Männchen.

„Gib mir von deinem Essen ab, bitte", sagte das Männchen, leckte sich die Lippen und rieb sich die Hände.

„Geh fort!", rief der älteste Sohn, der nicht nur faul, sondern auch gemein war.
„Das ist mein Essen, und ich denke nicht daran, es zu teilen, schon gar nicht mit so einem komischen Wesen wie dir."

„Nun", sagte der kleine Mann, „wer so gierig und gemein ist, wird nichts Anständiges zustande bringen." Das fand der älteste Sohn bald selbst heraus, als er sich beim Holzfällen in den Arm hieb und ohne Holz nach Hause eilen musste.

Am nächsten Tag sollte der mittlere Sohn in den Wald gehen und Holz hacken. Auch ihm gab die Mutter ein feines Mittagessen mit. Als er sich hinsetzte, um zu essen, erschien

das merkwürdige Männlein und bat ihn, ihm etwas abzugeben. Aber weil der mittlere Sohn nicht netter war als der älteste, schickte auch er den kleinen Mann fort. Doch das war falsch, denn auch der mittlere Sohn verletzte sich und musste ohne Holz nach Hause gehen. Der kleine Mann war nämlich ein Zauberer.

Am dritten Tag blieb dem Holzfäller nichts anderes übrig als seinen jüngsten Sohn, den Dummling, loszuschicken. Dieses Mal machte sich die Mutter jedoch nicht so viel Mühe mit dem Essen, sondern gab ihrem jüngsten und ihrer Meinung nach dümmsten Sohn nur trockenes Brot und saure Milch mit. Als der kleine Mann wieder auftauchte und um etwas zu essen bat, sagte der Dummling: „Ich habe leider nichts Besonderes zu essen dabei, aber das will ich gerne mit dir teilen. Ich lerne gerne neue Freunde kennen.“

Du kannst dir vorstellen, wie überrascht er war, als er sein Bündel auspackte und darin statt trockenem Brot und saurer Milch leckere Pfannkuchen und

Limonade fand. Der Dummling und der kleine Mann aßen und tranken, bis sie nicht mehr konnten.

„Es war sehr nett mit dir“, sagte das Männchen, „und eine Hand wäscht die andere, wie man sagt. Fälle den alten Baum da hinten. In seinen Wurzeln wirst du eine interessante Entdeckung machen.“

Der Dummling fällte den Baum, und weißt du, was er fand? Eine Gans mit goldenen Federn!

„Unglaublich!“, rief der Dummling und wollte sich bei dem kleinen Mann bedanken. Aber der war verschwunden. Der Dummling wusste genau, dass seine Brüder ihm die Gans wegnehmen würden, wenn er nach Hause ginge, und so beschloss er, in der weiten Welt sein Glück zu suchen.

Nachdem er den ganzen Tag gewandert war, kehrte der Dummling in einem Wirtshaus ein, um dort zu übernachten. Der Wirt und seine Töchter hätten die Gans liebend gern gestohlen, aber der

Dummling ließ sie keine Sekunde aus den Augen.

Am nächsten Morgen rupfte der Dummling der Gans eine goldene Feder aus und bezahlte damit für seine Übernachtung. Dann nahm er die Gans unter den Arm und ging. Als die älteste Tochter des Wirts ihm nachblickte, dachte sie: „Hätte ich nur eine von diesen Federn, dann könnte ich mir ein wunderbares Kleid schneidern lassen", und sie eilte hinter ihm her. Als sie der Gans eine Schwanzfeder ausreißen wollte, passierte etwas Seltsames: Sie blieb daran hängen.

„Lass mich gehen! Lass mich gehen!", schrie das Mädchen, aber der Dummling ging einfach weiter und sagte: „Ich kann jetzt nicht anhalten. Ich muss erst noch die Welt erkunden." Da schrie das Mädchen noch lauter, bis ihre Schwestern angelaufen kamen. Sie zogen an ihrer ältesten Schwester und versuchten, sie von der Gans wegzuziehen. Bei der ersten Berührung jedoch blieben auch sie hängen.

Der Dummling lief weiter und beachtete die schreienden Mädchen gar nicht. Als sie durch das Dorf kamen, bemerkte sie der Pfarrer, der glaubte, drei Mädchen jagten hinter einem Jungen her. „Was für ein unmögliches Benehmen!", schimpfte er und wollte die Mädchen fortziehen. Aber, ihr könnt es euch schon denken, auch er blieb an dem letzten Mädchen hängen. So ging es weiter, bis eine ganze Menge Leute hinter dem Dummling und seiner Gans herliefen: die drei Wirtstöchter, der Pfarrer, ein Lehrer, ein Dorfschmied, ein Glöckner, vier Ladenbesitzer, dreizehn Hausfrauen ... Gemeinsam liefen sie immer weiter, bis sie in die Stadt kamen, wo der König residierte.

Der Dummling hatte gehört, dass der König eine schöne Tochter hatte, die immer traurig war und nie lachte.

Der König war darüber so unglücklich, dass er sie demjenigen versprochen hatte, der sie zum Lachen brächte.

Der Dummling war es ja gewohnt, dass die Leute über ihn lachten, ohne dass er irgendetwas dazu tat, und deshalb war er zuversichtlich, ein Lächeln auf die Lippen der Prinzessin zaubern zu können.

Mutig lief er auf schnellstem Wege zum Palast und auf den Hof. Die Leute lachten und zeigten mit dem Finger auf den Dummling und die goldene Gans mit ihrem Gefolge übereinander stolpernder Menschen.

Sie lachten so sehr, dass die Prinzessin neugierig wurde. Als sie den Dummling mit seiner Gans und all das Durcheinander hinter ihm sah, zuckten ihre Lippen, ihr Kinn begann zu zittern und, schwups, konnte sie sich nicht

mehr halten vor Lachen. Damenhaft war es nicht gerade, ihr Lachen. Aber das störte den König nicht, im Gegenteil: Er verlangte, dass die Prinzessin und der Dummling sofort heirateten.

Der Dummling behielt das seltsame Männchen immer in guter Erinnerung, und als er schließlich König wurde, vergaß er nie, dass „eine Hand die andere wäscht".

Die Zauberprüfung

Vor langer Zeit lebte ein kleiner Junge namens Jonas in einem Schloss auf einem hohen Berg umgeben von Wolken. Es war natürlich kein gewöhnliches Schloss, und Jonas war auch kein gewöhnlicher Junge. In dem Schloss lebten mehrere Zauberer, die Jonas aufgenommen hatten, nachdem sie ihn als Baby vor der Tür gefunden hatten. Von diesem Tag an lebte er bei ihnen und half im Schloss aus, um sich erkenntlich zu zeigen.

Jonas fühlte sich sehr wohl mit den Zauberern, aber als er älter wurde, wünschte er sehnlichst, selbst ein Zauberer zu werden. Eines Tages nahm er seinen ganzen Mut zusammen und sprach Magicus, den Oberzauberer an: „Ich möchte Zauberer werden“, sagte er zu dem freundlichen alten Mann. „Was muss ich dafür tun?“

Magicus lächelte Jonas an. „Du wärst bestimmt ein großartiger Zauberer“, sagte er, „aber bevor wir jemandem unsere geheimen Zaubertricks beibringen dürfen, müssen wir uns versichern, dass wir ihm trauen können. Du musst deine Vertrauenswürdigkeit in einer Zaubererprüfung unter Beweis stellen.“

„Wie denn?“, fragte Jonas.

„Als Erstes musst du in den Wald auf der anderen Seite des Berges gehen“, sagte Magicus, „und mittendrin die geheime Lichtung finden.“

„Und was soll ich dann tun?“

„Das darf ich dir nicht sagen“, antwortete Magicus geheimnisvoll und verschwand in einem silbernen Wirbel.

Früh am nächsten Morgen brach Jonas auf, um den Wald zu suchen. Er nahm nur einen Rucksack mit einem Kanten Brot und Käse mit. Gegen Mittag erreichte er den Waldessaum, aber der Wald erschien ihm seltsam still, als er hineinlief. Plötzlich bekam Jonas Angst, denn er hatte schon viele Geschichten über die seltsamen Wesen gehört, die in diesem Wald lebten. „Ich muss tapfer sein“, redete er sich gut zu und lief mutig weiter.

In diesem Augenblick hörte Jonas jemanden weinen. Er drang durch das dornige Gebüsch und kam schließlich auf

einer Lichtung heraus. Neben einem plätschernden Bach saß ein kleiner Pixi.

„Was ist los?“, fragte Jonas. „Hast du dir wehgetan?“

Der Pixi blickte auf. „Oh nein“, schniefte er und wischte sich die Nase am Ärmel ab. „Ich weine, weil ich solchen Hunger habe. Ich habe schon tagelang nichts mehr gegessen.“

Jonas holte ein Taschentuch aus seinem Rucksack und rief: „Hier! Nimm mein Mittagessen! Du hast es nötiger als ich.“

Der Pixi freute sich. „Das ist aber lieb von dir!“, rief er. „Wie kann ich dir meinen Dank erweisen?“

„Indem du mir den Weg zu der geheimen Lichtung zeigst“, antwortete Jonas.

„Gerne“, sagte das Männchen, „lauf immer am Bach entlang, dann kommst du dorthin.“

„Vielen Dank“, sagte Jonas höflich und winkte. Aber der Pixi war verschwunden, nur ein Wirbel von silbernem Staub blieb zurück.

„Wo der wohl hingegangen ist?“, überlegte Jonas im Weitergehen. Er war noch nicht lange gelaufen, als er im Gebüsch etwas Glänzendes bemerkte. Er ging in die Knie, um es zu untersuchen, und zog staunend eine wunderschöne Kristallkugel hervor. Sie sah genauso aus wie in den Zauberbüchern daheim im

Schloss. Jonas sah sie sehnsüchtig an: „Wenn sie doch nur mir gehörte!“, sagte er. Wäre es schlimm, wenn er sie einfach einstecken würde? Sie schien niemandem zu gehören.

Jonas wollte die Kugel gerade einpacken, als plötzlich ein alter Mann vor ihm stand. Er schien etwas zu suchen. „Suchen Sie vielleicht die hier?“, fragte Jonas und zeigte ihm die Kristallkugel.

„Meine kostbare Kugel!“, rief der alte Mann erfreut. „Ich dachte schon, ich würde sie nie wieder finden. Du bist aber ein ehrlicher Junge! Wie kann ich dir meinen Dank erweisen?“

„Sie könnten mir helfen, die geheime Lichtung zu finden“, schlug Jonas vor.

„Folge einfach dem Bach“, kicherte der alte Mann und zeigte aufs Wasser.

Jonas wollte sich bedanken, aber da war der Mann schon in einem Silberwirbel verschwunden. „Seltsam hier“, murmelte Jonas vor sich hin und ging weiter am Bach entlang. Als er tiefer in den Wald eindrang, musste er sich richtig anstrengen, um das Gebüsch und

die Dornensträucher zu überwinden. Die Dornen zerkratzten seine Beine, aber er lief immer weiter. Als er gerade die Hoffnung aufgeben wollte, den geheimen Platz zu finden, führte der Wald auf eine kühle grüne Lichtung mit einem glitzernden Teich in der Mitte.

„Die geheime Lichtung!“, rief Jonas. „Jetzt muss ich nur noch herausfinden, was ich für die Zaubererprüfung tun soll.“

In diesem Moment erschien Magicus in einem Wirbel silbernen Staubs. „Du hast die Prüfung bereits bestanden!“, sagte er lächelnd.

„Und sogar mit Auszeichnung.“

„Aber ich habe doch noch gar nichts getan“, sagte Jonas und runzelte die Stirn.

„Oh doch“, sagte Magicus. „Ich habe dich heute beobachtet, als Pixi und als alter Mann verkleidet. Du hast den Wald durchquert, obwohl du Angst hattest, hast mir zu Essen gegeben und die Kristallkugel zurückgegeben, obwohl du sie selbst gerne behalten hättest. Du hast bewiesen, dass du mutig, freundlich und ehrlich bist – drei Eigenschaften, die jeder Zauberer besitzen muss. Ich habe keinerlei Bedenken, dir ALLE unsere Zaubertricks anzuvertrauen. Deshalb bringe ich dir jetzt den ersten Zauberspruch bei – der dich zu einer besonderen Zaubererfeier aufs Schloss zurückbringt."

Der Schweinehirt

Es war einmal vor langer Zeit ein armer Prinz. Er war freundlich und nett anzusehen, und viele junge Damen hätten ihn gerne geheiratet. Er aber wollte unbedingt die schöne Tochter des Kaisers heiraten. Die Prinzessin hatte jedoch andere Pläne.

„Du bist viel zu arm", sagte sie. „Dein Palast und dein Reichtum mögen für gewöhnliche Mädchen ausreichen, aber du hast nicht genug Gold für die Edelsteine und Geschenke, die ich verdiene." Mit diesen Worten warf sie ihn aus dem Palast ihres Vaters und verbot ihm, jemals wiederzukommen.

Der Prinz war zwar nicht so reich wie andere Prinzen, aber er besaß zwei Dinge, die mehr wert waren als alles Gold. Zunächst wuchs in seinem Garten ein Rosenstrauch, der alle fünf Jahre eine einzige Rose hervor-

brachte. Sie duftete so wunderbar, dass sie jeden mit Freude erfüllte, der daran roch. Außerdem besaß er eine Nachtigall, die so betörend sang, dass alle, die ihr zuhörten, nur Freundschaft und Liebe empfanden.

Der Prinz beschloss, diese beiden Dinge der Tochter des Kaisers zu schenken. Er hoffte, dass sie seine Frau werden würde, sobald sie ihrer ansichtig geworden war. Er packte die Rose und die Nachtigall sorgfältig in zwei Holzkisten und brachte sie selbst an den kaiserlichen Hof.

Die Prinzessin öffnete die erste Holzkiste. Als sie die Rose herausnahm, warf sie diese angewidert fort.

„Das ist ja nur eine stinkende alte Rose“, rief sie. Ihr Duft erfüllte sie nicht mit Freude.

Dann öffnete sie die zweite Kiste, und die Nachtigall flog heraus. Als sie zu singen begann, klatschten der Kaiser und die Höflinge vor Freude, aber die Prinzessin zog nur die Stirn kraus. „Was soll ich mit einer blöden alten Nachtigall?“, fragte sie, denn der Gesang des Vogels erfüllte sie nicht mit Freundschaft oder Liebe.

Sie ließ den Prinzen aus dem Palast ihres Vaters hinauswerfen. „Ich heirate doch nicht jemanden, der mir so blöde Geschenke bringt“, rief sie laut und warf die Holzkisten aus dem Fenster.

Der Prinz war zwar wütend, aber er wollte die Prinzessin immer noch heiraten. Am nächsten Tag verkleidete er sich als Bettler und bat im Palast um Arbeit.

„Ich habe genau die richtige Arbeit für dich“, sagte der Kaiser, nachdem er den zerlumpten Prinzen von oben bis unten abschätzig angesehen hatte. „Ich brauche jemanden, der meine Schweine hütet.“

Aus dem Bettler wurde also ein Schweinehirt. Jeden Morgen versorgte er die Schweine und nachmittags saß er vor seiner Hütte und bastelte. Eines Tages fertigte er einen silbernen Kochtopf mit goldenen Glöckchen. Wenn das Wasser im Topf kochte, klimperten die Glöckchen eine leise Melodie.

Als die Tochter des Kaisers den silbernen Topf sah und seine Melodie hörte, wollte sie ihn haben. Sie schickte eine ihrer Dienerinnen, um zu erfahren, was der Schweinehirt für den Topf haben wolle.

„Zehn Küsse von der Prinzessin“, antwortete er.

Die Tochter des Kaisers wurde wütend. „Wie kann er es wagen!“, rief sie. Aber als die Glöckchen wieder spielten, ging sie selbst zu dem Schweinehirten.

„Meinetwegen sollst du die zehn Küsse haben“, sagte sie. „Aber niemand darf uns dabei zusehen.“ Sie stellte ihre Dienerinnen um sie herum, und der Schweinehirt nahm sich seine zehn Küsse. Nun hätte er glücklich sein sollen, aber er fand die Tochter des Kaisers doch sehr verzogen.

Am nächsten Tag bastelte der Schweinehirt eine wunderschöne goldene Rassel. Wenn man sie hin- und herschwang, spielte sie entzückende Melodien.

„Die muss ich haben“, sagte die Tochter des Kaisers und sandte wieder ihre Dienerin,

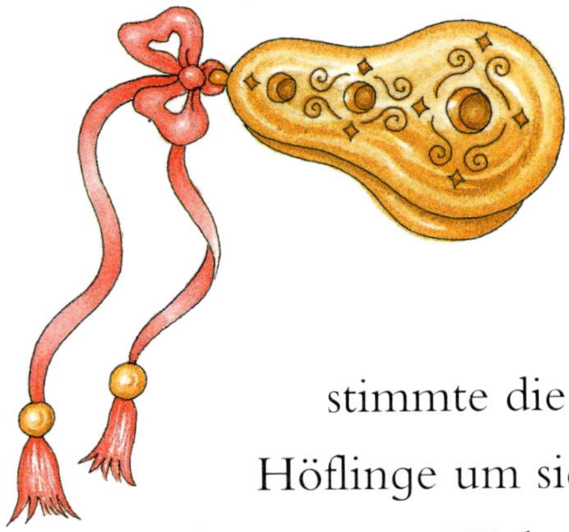

um zu hören, was der Schweinehirt dafür haben wolle.

„Hundert Küsse von der Prinzessin", lautete seine Antwort. Nach kurzem Protest stimmte die Tochter des Kaisers zu. Wieder stellte sie ihre Höflinge um sich und den Schweinehirten auf und begann mit dem Küssen. Während die Dienerinnen die Küsse zählten, dachte der Schweinehirt bei sich, dass die Prinzessin doch zu verzogen und zu gierig sei, als dass sie ihm eine gute Frau hätte werden können.

Aber bevor er etwas sagen konnte, entdeckte der Kaiser, der zufällig vorbeikam, die vielen Dienerinnen rund um die Hütte des Schweinehirten. „Was ist hier los?", fragte er. Du kannst dir vorstellen, dass er sehr wütend wurde, als er entdecken musste, dass seine Tochter den Schweinehirten küsste.

„Wie kannst du es wagen!", schrie er und ließ den Schweinehirten und die Prinzessin aus dem Palast werfen.

Die Prinzessin stampfte mit dem Fuß auf und weinte. „Hätte ich doch den schönen Prinzen geheiratet, der mir die Rose und die Nachtigall geschenkt hat!", jammerte sie.

Der Schweinehirt verschwand im Gebüsch und kam in seinem Prinzengewand wieder hervor. Er sah die Tochter des Kaisers traurig an.

„Es tut mir Leid, aber ich kann dich nicht heiraten. Du bist einfach zu dumm. Meine liebliche Rose und meine reizende Nachtigall wolltest du nicht haben, aber einen Schweinehirten küsst du für ein paar Glöckchen.“

Mit einem traurigen Abschiedsgruß kehrte er in sein eigenes kleines Königreich zurück.

Und die Tochter des Kaisers? Ihr Vater ließ sie schließlich wieder in den Palast hinein, aber nur unter der Bedingung, dass sie nie wieder so dumm sein durfte.

Schmutzliese Lisa

Jeder mochte Lisa, aber alle waren sich einig, dass sie ein sehr unordentliches Mädchen war. Lisa wollte sich nicht kämmen und war der Meinung, dass man sich höchstens an besonderen Feiertagen wie etwa Weihnachten oder Geburtstagen waschen solle. „In deinen Haaren nisten noch Vögel", neckte ihr Papa sie, wenn er mit der Bürste hinter ihr herlief. Diese Vorstellung gefiel Lisa, deshalb sah sie zu, dass sie wegkam.

„Dir wachsen noch Pilze aus den Ohren, wenn du sie nie wäschst", witzelte ihre Mama, wenn Lisa nicht in die Badewanne wollte. Aber Lisa lachte nur und sagte, sie solle nicht so albern sein. Ihr Zimmer war der Gipfel der Unordnung.

Den Boden konnte man vor lauter Spielzeug und Büchern gar nicht mehr erkennen, und das Bett verschwand unter einem Kleiderhaufen.

„Eines Tages wirst du dich darin verirren", sagte Papa lachend, als er hereinkam, um ihr eine Gutenachtgeschichte vorzulesen.

„So ein Quatsch", lachte Lisa zurück. „Kein Mensch verirrt sich in einem Zimmer."

In jener Nacht wurde Lisa plötzlich wach. Irgendetwas flatterte in ihren Haaren. Sie langte nach oben in das verfilzte Durcheinander und spürte etwas Warmes mit Federn. Oh je, ein Vogel hatte sich dort eingenistet. Er machte einen netten Eindruck, aber Lisa hielt es doch für besser, ihrer Mutter Bescheid zu sagen.

Lisa öffnete den Mund und rief so laut sie konnte: „Mama!", aber kein Laut kam über ihre Lippen. Plötzlich merkte sie, dass sie nichts mehr hörte. Nicht einmal ihren Hamster, dabei konnte sie sehen, dass er in der anderen Ecke des Zimmers in seinem Laufrad herumlief.

„Das ist aber merkwürdig“, dachte Lisa und befühlte ihre Ohren. Die fühlten sich noch seltsamer an als ihre Haare – in ihnen sprossen Pilze. Kein Wunder, dass sie nichts hörte.

„Ich gehe lieber zu Papa und Mama“, dachte Lisa. „Die wissen bestimmt, was zu tun ist.“ Sie sprang aus dem Bett, aber Bücher, Spielzeug und Kleidungsstücke begruben sie unter sich.

„So viele Sachen kann ich doch gar nicht haben“, dachte Lisa und versuchte, sich zur Tür durchzukämpfen. Aber wohin sie auch kroch, überall hinderten Spielsachen und anderes Zeug sie am Weiterkommen. Währenddessen flatterte der Vogel in ihren Haaren, und die Pilze wuchsen immer größer aus ihren Ohren.

Lisa betrachtete sich in einem alten Spiegel, der an ihrem Teddy lehnte. Der Spiegel zeigte ihr ein solch fürchterliches Durcheinander, dass sie lachen musste.

„Vielleicht sollte ich mich morgen mal kämmen

und mir die Ohren waschen", dachte sie und buddelte sich einen Weg durch die alten Bücher.

„Geht es hier zur Tür?", fragte sie eine kaputte Puppe, die sie unter der Kommode gefunden hatte. Aber die Puppe gab natürlich keine Antwort. Schließlich fand Lisa einen Türknauf und zog.

Huch!

Das war gar nicht

die Zimmertür, sondern die Tür des Kleiderschranks, in den Lisa immer alles hineinstopfte, was sonst nirgends mehr hineingepasst hätte.

„Vielleicht sollte ich hier mal aufräumen", dachte sie, als die Schmusetiere, Bücher und Comics auf sie purzelten.

Lisa kroch durch ihr Zimmer, aber wo sie auch hinkam, fand sie nur noch mehr Kram.

Das Durcheinander in Lisas Zimmer schien noch zuzunehmen. „Das ist langsam nicht mehr witzig", sagte sie zu ihrem Teddy, nachdem sie zum dritten Mal mit ihm zusammengestoßen war. „Wenn ich hier jemals wieder herauskomme, will ich nie wieder unordentlich sein. Versprochen."

Lisa tauchte in einem Haufen von Kleidern und Büchern unter und versuchte, sich einen Tunnel zur Tür zu graben.

Plötzlich ging das Licht an.

„Lisa, wieso wühlst du in deinem Zimmer herum? Geht es dir nicht gut?" Mama und Papa waren gekommen.

„Hilfe! Hilfe!", rief Lisa, als sie unter einem alten Anorak hervorkam. „Ich habe mich verirrt. Das Durcheinander ist so groß, dass ich hier nicht mehr herauskomme."

„Sei nicht albern", antwortete ihr Papa und lachte.

Er bückte sich und holte Lisa unter dem Anorak hervor.

Lisa schaute sich um. Ihr Zimmer sah genauso aus wie immer. Unordentlich, aber nicht so unordentlich wie vor fünf Minuten.

„Und was ist mit dem Vogel in meinen Haaren und den Pilzen in meinen Ohren?“, flüsterte Lisa.

„Welcher Vogel? Welche Pilze?“ Papa hielt Lisa vor den Badezimmerspiegel.

„Das hast du nur geträumt.“ Mama lachte, und Lisa begriff, dass sie Recht hatte.

„Darf ich baden?“, fragte Lisa.

„Ich glaube, jetzt träume ich.“ Nun lachte auch ihr Papa.

Von dieser Nacht an war Lisa nie wieder unordentlich oder schmutzig. Ihre Haare waren stets gekämmt, und ihre Haut glänzte. Ihr Zimmer war das ordentlichste im ganzen Haus. Das Ganze war zwar doch wohl nur ein Traum, aber man kann nicht vorsichtig genug sein, oder?

Hänsel und Gretel

Vor langer, langer Zeit lebte ein Holzfäller mit seinen beiden Kindern Hänsel und Gretel im Wald. Die Mutter der Kinder war schon lange tot, deshalb freuten sie sich sehr, als ihr Vater wieder heiratete. Leider war ihre Stiefmutter jedoch eine böse Frau, die für die Kinder nichts übrig hatte.

Dann kam ein langer harter Winter, und die Familie des Holzfällers hatte nur sehr wenig zu essen, sodass alle hungerten. In einer bitterkalten Nacht konnten Hänsel und Gretel vor Hunger nicht einschlafen, und als sie sich in ihren Betten hin- und herwarfen, hörten sie, wie die böse Stiefmutter zu dem Vater sagte: „Das Essen reicht einfach nicht für alle. Hänsel und Gretel

müssen fort. Morgen sollst du sie in den Wald bringen und sie dort allein lassen."

„Nein!", rief der Holzfäller entsetzt, aber die böse Stiefmutter setzte ihm zu, bis er nachgab.

„Was sollen wir jetzt tun?", schluchzte Gretel. „Wenn wir allein im Wald sind, fressen uns die wilden Tiere."

Hänsel sah nachdenklich aus dem Fenster und überlegte, wie sie sich retten könnten. Dann fiel ihm etwas auf. Der Mond schien auf einige weiße Kieselsteine, sodass sie aussahen wie Gänseblümchen auf grünem Rasen. Hänsel schlich sich in den Garten und sammelte eine Hand voll Kiesel.

Früh am nächsten Morgen führte der Holzfäller Hänsel und Gretel tief in den Wald. Während-dessen ließ Hänsel die

weißen Kiesel fallen. Nach einer langen Wanderung kamen sie auf eine Lichtung mitten im Wald.

„Wartet hier", sagte ihr Vater, „ich gehe Holz hacken. Heute Abend hole ich euch wieder ab."

Hänsel und Gretel warteten und warteten, aber ihr Vater kam nicht zurück.

„Wir finden nie wieder nach Hause", sagte Gretel, als die Dunkelheit hereinbrach. Aber Hänsel bat sie, sich keine Sorgen zu machen. Als der Mond aufging, leuchteten die Kiesel wie am Abend zuvor im Garten.

Hänsel und Gretel fassten einander an den Händen und folgten dem Pfad leuchtender Kiesel bis nach Hause. Ihr Vater freute sich sehr, als sie ins Haus traten, aber die Stiefmutter zog ein böses Gesicht.

Nur wenige Tage später hörten die Kinder wieder, wie die Stiefmutter auf den Vater einredete. „Die Kinder

müssen weg, oder wir werden alle verhungern. Morgen bringst du sie noch tiefer in den Wald und sorgst dafür, dass sie nicht zurückfinden."

Nach einem langen Streit willigte der Vater zögernd ein.

In jener Nacht wollte Hänsel wieder draußen Kiesel sammeln, aber die böse Stiefmutter hatte die Tür abgeschlossen. Am nächsten Tag ließ Hänsel deshalb Brotkrumen statt Kiesel fallen, als sie sich auf den langen Weg in den Wald machten.

Wieder verließ ihr Vater sie und versprach, sie vor Einbruch der Dämmerung abzuholen. Und wieder kam er nicht zurück.

Hänsel und Gretel warteten darauf, dass der Mond aufging und suchten dann nach der Spur von Brotkrumen. Aber keine einzige Krume war mehr zu sehen, denn die hungrigen Vögel hatten sie alle aufgepickt.

Die ganze Nacht lang liefen Hänsel

und Gretel durch den Wald, aber sie fanden nicht heim. Als die Sonne aufging, standen sie plötzlich vor einem kleinen Häuschen. Hänsel und Gretel trauten ihren Augen nicht, denn das Häuschen war ganz aus Brot, Kuchen und Süßigkeiten gebaut. Die Kinder waren so hungrig, dass sie sofort begannen, von dem Haus zu essen. Aber schon nach den ersten Bissen wurde die Tür des Häuschens aufgerissen, und eine hässliche alte Hexe sprang heraus. Sie war so böse, dass sie das Häuschen extra gebaut hatte, um Kinder in die Falle zu locken. Kichernd zerrte die Hexe die Kinder in ihr Häuschen und sperrte Hänsel in einen eisernen Käfig. Dann wandte sie sich an Gretel: „Und du“, lachte sie meckernd, „du sollst den ganzen Tag lang kochen.

Viele gute Sachen sollst du kochen und deinen mageren kleinen Bruder füttern, bis er dick und rund ist wie ein köstliches Schweinchen. Und dann werde ich ihn essen, und wenn ich dann noch Hunger habe, esse ich dich auch!" Von nun an bekam Hänsel stets das leckerste Essen, aber Gretel bekam nur die Knochen zum Nagen. Eines Tages gab Gretel Hänsel einen Knochen und sagte: „Streck ihn aus dem Käfig, wenn sie fühlen will, wie fett du geworden bist. Sie ist so kurzsichtig, dass sie es nicht merken wird."

Die kluge Gretel hatte Recht, und die Hexe staunte, dass Hänsel nicht dicker werden wollte. Eines Tages verlor sie die Geduld: „Dick oder dünn, ich esse ihn auf jeden Fall", rief sie. „Mach Feuer im Backofen,

Gretel, heute gibt es Jungenkuchen."

Gretel tat, was die Hexe ihr befohlen hatte, und kurz darauf brannte das Feuer im Backofen lichterloh. „Ist es schon heiß genug?", fragte die Hexe. „Ich weiß nicht", antwortete Gretel und öffnete die Ofentür. „Warum siehst du nicht selber nach?"

Da steckte die dumme Hexe ihren Kopf in den Ofen, und Gretel schob sie hinein. Blitzschnell warf sie die Ofentür zu. Gretel fand den Schlüsselbund der Hexe und befreite Hänsel. Dann öffneten sie mit den Schlüsseln alle Kisten und Kästen im Häuschen der Hexe und entdeckten einen wahren Schatz an Edelsteinen. „Jetzt können wir dem Vater Essen kaufen!", jubelte Hänsel.

Mit den Taschen voller Juwelen machten sie sich auf die Suche nach dem Haus ihres Vaters. Diesmal fanden sie es sofort, und als ihr Vater sie kommen sah, strahlte er vor Freude. Rasch erzählten sie einander was inzwischen geschehen war. Der Holzfäller berichtete, dass die böse Stiefmutter fort war, und Hänsel und Gretel erzählten ihm alles von der bösen Hexe und ihren Juwelen.

Von diesem Tag an hatten der Holzfäller, Hänsel und Gretel immer genug zu essen.

Geburtstagsüberraschung

Der Geburtstag der Feenkönigin wurde am Mittsommertag gefeiert, und alle Elfen und Feen bereiteten eifrig das Fest vor, das an diesem Abend stattfinden sollte.

Alle hatten etwas zu tun. Die Älteren buken Kuchen, zuckerten Rosenblätter und Tautropfenbonbons für das Fest, während die Jungen auf der Suche nach Eicheln für Nektarsaft hin- und herflitzten. Die Grillen übten ihre Lieblingslieder für die Disco, und Erdbeere, die erste Hofdame der Königin, hatte den Morgen damit verbracht, Spuren für die Schatzsuche der Feen zu legen.

Narzisse, Rosi und Ilexa versuchten

ein langes Spruchband zwischen die Zweige der Eiche zu hängen, aber es klappte nicht so richtig.

„Ein bisschen nach links, ein bisschen nach rechts, ein bisschen höher“, rief Ilexa von unten. „Nein, doch lieber weiter nach unten, ein bisschen nach links ...“

„Meine Güte, jetzt entscheide dich mal!“, beschwerte sich Narzisse, die hoch oben in der Eiche hockte. „Uns fallen bald die Flügel ab!“

„So wird es schon gehen!“, sagte Rosi und flatterte abwärts. „Wir haben noch eine Menge zu tun, bevor die Party steigt. Ich muss noch hundert Windbeutel mit Honigsahne füllen ...“

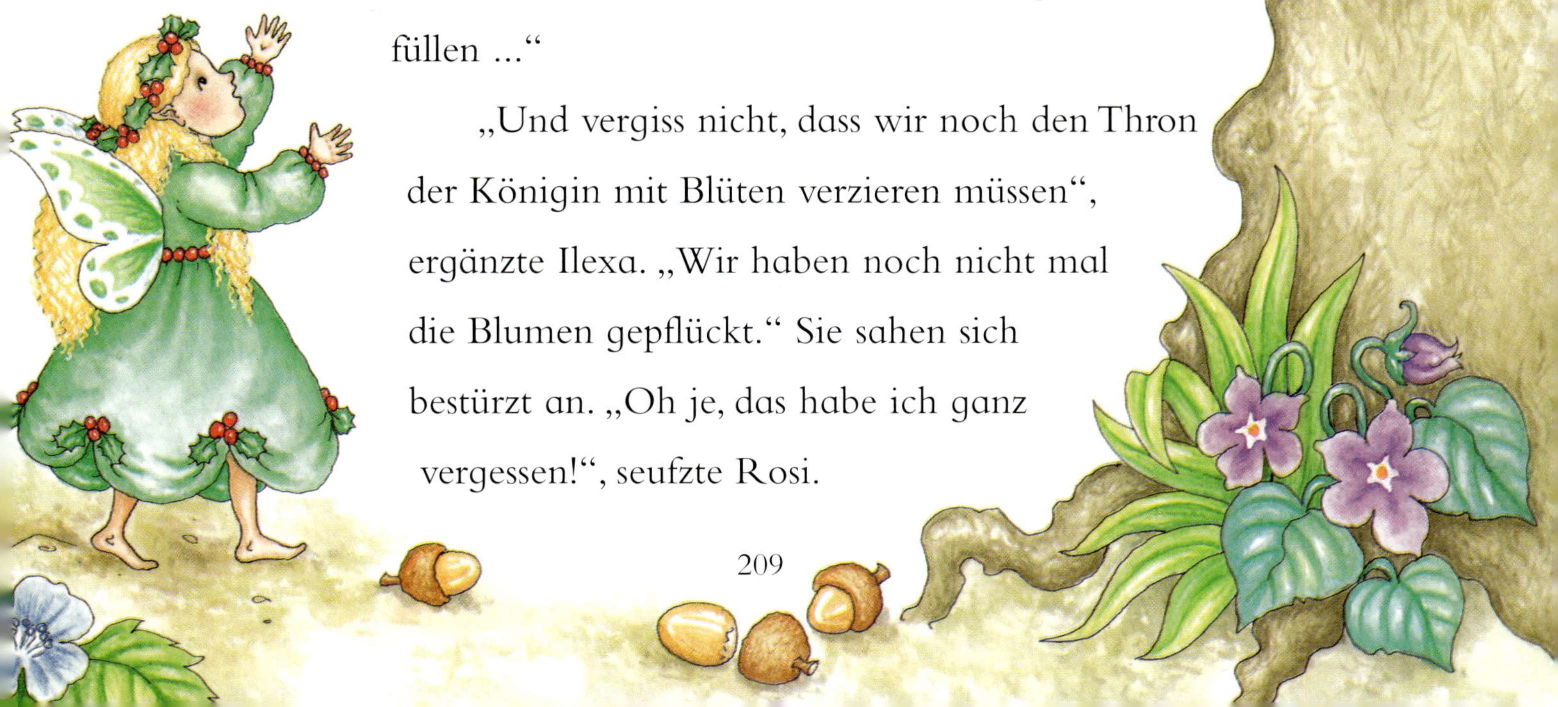

„Und vergiss nicht, dass wir noch den Thron der Königin mit Blüten verzieren müssen“, ergänzte Ilexa. „Wir haben noch nicht mal die Blumen gepflückt.“ Sie sahen sich bestürzt an. „Oh je, das habe ich ganz vergessen!“, seufzte Rosi.

„Lass uns lieber gleich losgehen. Ich kenne eine Lichtung, wo schöne rosa Rosen wachsen. Die könnten wir ...“

„Nicht schon wieder rosa“, stöhnte Ilexa. „Immer rosa, du willst immer nur rosa! Können wir nicht mal grüne Blätter nehmen?“

„GRÜN!“, rief Narzisse. „Wir wollen keine grünen Blätter oder rosa Blüten, wenn ihr es wissen wollt. Wir brauchen sonnengelbe Blumen, zur Abwechslung.“

„Das ist typisch für euch“, schrie Rosi, die langsam wütend wurde. „Was ich will, hat euch noch nie interessiert!“

Narzisse, Rosi und Ilexa stritten sich wie kleine Feen aus dem Kindergarten.

„GRÜN!“, rief Ilexa.

„GELB!“, schrie Narzisse.

„ROSA!“, heulte Rosi aus vollem Hals.

„Was geht hier vor?", fragte Erdbeere überrascht. Sie wollte nachsehen, was die Schreierei sollte und hörte geduldig zu, wie die drei Kinder den Streit erklärten. Als sie damit fertig waren, schüttelte sie bedächtig den Kopf. „So eine wichtige Frage kann nur auf eine Art geklärt werden. Wir müssen die Sache im Feenring besprechen."

Erdbeere wedelte mit ihrem Zauberstab, und sofort sprossen winzige rote Pilze mit weißen Flecken aus der warmen Erde und bildeten einen Kreis. Dann zog sie eine Muschel aus der Tasche und blies hinein wie in ein Horn. Der Klang der Muschel rief die anderen Feen auf die Lichtung und schon bald ertönte lautes Geschwätz. Erdbeere hob die Hände und bat um Ruhe. „Ich habe die Besprechung einberufen, um zu

entscheiden, welche Farbe die Blüten haben sollen, mit denen der Thron der Königin geschmückt werden soll“, verkündete sie. „Wer eine Farbe vorschlagen will, möge in den Kreis treten und seine Wahl begründen. Wenn die Besprechung zu Ende ist, ernenne ich den Gewinner.“

Ilexa räusperte sich und trat dann tapfer in den Kreis. „Jeder weiß doch, dass unsere Königin den grünen, grünen Wald mag“, sagte sie, „und deshalb stimme ich für die Farbe Grün.“

Dann war Narzisse dran. „Die Königin liebt den goldgelben Sonnenschein“, erzählte sie dem Publikum. „Und deshalb sollten wir uns für Gelb entscheiden.“

„Ihre Lieblingsblüten sind rosa“, flüsterte Rosi schüchtern.

„Rot ist die Farbe der Erdbeeren“, schlug eine andere kleine Fee vor. „Vielleicht sollten wir den Thron mit roten Blüten schmücken.“

Selbstbewusst wandte eine Fee ein: „Mag ja sein, dass die Königin Rot mag, aber im Herbst liebt sie saftige lila Pflaumen. Ich bin für Lila.“

„Und warum nehmen wir nicht Orange, die Farbe des Sonnenuntergangs?“, fragte eine Elfe. „Ihre Majestät hält diese Zeit für die schönste des Tages.“

„Ihr seht das alle falsch!“, rief eine Fee aufgeregt. „Blau ist die Farbe des Himmels und der Flüsse. Ihr wisst doch, wie gerne die Königin am Flussufer liegt und in den Himmel schaut.“

Als endlich alle gesprochen hatten, wurde es still auf der

Lichtung. Alle sahen Erdbeere erwartungsvoll an. Welche Farbe würde sie wählen?

Aber Erdbeere gab keine Entscheidung zu ihren Vorschlägen bekannt, sondern lächelte nur geheimnisvoll. „Narzisse, Rosi und Ilexa", sagte sie, und der Schalk blitzte in ihren Augen, „kommt bitte mit. Es gibt viel zu tun – der Thron der Königin muss geschmückt werden!"

Abends spazierten die Feen aufgeregt durch den Wald zu der Geburtstagsfeier. Welche Köstlichkeiten es wohl zu essen gab? Mit wem würden sie tanzen? Die spannendste Frage aber war, in welcher Farbe der Thron der Königin geschmückt sein würde.

Glühwürmchen erleuchteten wie Fackeln den Weg, und die Musik der Grillen lockte sie immer tiefer in den Wald. Als sie endlich auf der Feenlichtung mitten im Wald ankamen, staunten sie nicht schlecht. Auf dem

Thron saß die Königin, und wie ein Regenbogen stand hinter ihr ein Fächer von Blumen jeglicher Farbe.

„Seid alle willkommen!“ Die Königin lächelte freundlich. „Herzlichen Dank für die schöne Feier.

Vielen Dank aber vor allem für den schönen Blumenschmuck. Erdbeere hat mir erzählt, warum ihr die einzelnen Blumen ausgewählt habt. Was für ein wunderschönes Geburtstagsgeschenk!“

Die Waldfeen strahlten vor Freude, aber keine war so stolz wie Narzisse, Rosi und Ilexa.

Die Schöne und das Biest

Es war einmal ein reicher Kaufmann, der mit seinen drei schönen Töchtern in einer prächtigen Villa wohnte. Die Mädchen waren es gewohnt, jeden Wunsch erfüllt zu bekommen und von einem Heer von Hausangestellten bedient zu werden. Die beiden ältesten Schwestern waren eitel und verzogen, aber die jüngste und schönste Tochter war freundlich und liebenswert. Deshalb wurde sie von allen nur „die Schöne“ genannt.

Alle drei Mädchen hatten ein herrliches Leben und keinen Grund zur Klage. Eines Tages aber brach das Unglück über sie herein. Der Vater verlor sein Vermögen, und sie mussten in ein kleines Häuschen im Wald ziehen. Die beiden ältesten Töchter waren sehr unglücklich und murrten und schimpften den ganzen Tag. Nur die Schöne war zufrieden mit ihrem Schicksal, denn das Häuschen gefiel ihr gut, und es machte ihr Spaß zu

putzen und sich um den kleinen Garten zu kümmern. Eines Tages brach ihr Vater zu einer Reise auf, im Laufe derer er sein Vermögen zurückerwerben sollte, und die ganze Familie war sehr aufgeregt. Bevor er sie verließ, fragte der Kaufmann seine drei Töchter, was er ihnen mitbringen solle. Die beiden ältesten diktierten ihm eine ganze Liste von Wünschen: „Ein Perlenhalsband ... eine Diamantenbrosche ... einen Samtrock ... seidene Schals ... einen goldenen Ring", sagte die eine. „Ein Smaragdarmband ... Saphirohrringe ... einen Seidenrock ... einen silbernen Kamm ... goldene Schuhe", verlangte die andere. Als der Kaufmann die Schöne fragte, was ihr gefiele, überlegte sie kurz und sagte dann: „Am allerliebsten hätte ich eine rote Rose, denn wir haben keine im Garten."

Diese einfache Bitte trieb dem Kaufmann eine Träne in die Augen, die während der gesamten Reise dort hängen blieb.

Die Reise brachte den erhofften Erfolg, und als reicher Mann fuhr der

Kaufmann wieder nach Hause. Er hatte seinen älteren Töchtern die Kleider und Schmuckstücke gekauft, die sie sich gewünscht hatten, und suchte noch nach einer roten Rose für die Schöne, als er sich auf einmal verirrte.

Es wurde dunkel, und der müde Reisende sah sich nach einer Zuflucht um. Er staunte, als er mitten im Wald auf einen prächtigen Palast stieß. Am Tor hing ein großes Schild, auf dem stand:

Als der Kaufmann auf das Tor zuritt, schwangen die Flügel einladend auf. Der Kaufmann sah sich um, konnte aber niemanden entdecken. Überrascht zuckte er die Achseln und beeilte sich dann, sein Pferd in dem gepflegten, jedoch leeren Stall unterzubringen. Nachdem er sein Pferd getränkt und gefüttert hatte, klopfte er an die Tür des Palastes. Niemand antwortete, aber wieder ging die Tür von alleine auf.

Der Kaufmann sah sich den Palast an. Alle Zimmer waren prächtig ausgestattet, und überall brannte ein Feuer im Kamin, aber kein Mensch war zu sehen. Im Speisesaal war gedeckt und ein köstliches Mahl aufgetischt. Der Kaufmann wartete eine Weile, ob jemand käme, aber schließlich siegte der Hunger, und er begann, allein zu essen.

Als er das Abendessen beendet hatte, suchte er einen Platz, um sich niederzulegen. In einem der Schlafzimmer war das Bett gerichtet, und im Gedenken an das Schild am Tor schlief der Kaufmann darin ein.

Am nächsten Morgen fand er seine Kleidung gewaschen und sorgfältig gefaltet vor, und im Erdgeschoss war ein herrliches Frühstück für ihn gedeckt.

Nach dem Frühstück wollte der Kaufmann ein wenig im Garten spazieren, bevor er weiterritt. Der Morgen ließ sich wunderbar an, und die Blumen erschienen ihm unvergleichlich schön. Als er an einer Kletterrose vorbeikam, fiel dem Kaufmann der Wunsch der Schönen wieder ein, und er reckte sich, um eine der Rosen zu pflücken.

Kaum hielt er die Rose in der Hand, hörte er ein furchtbares Brüllen. Zu Tode erschrocken drehte er sich um und sah ein schreckliches Biest, das auf ihn zurannte.

„Was fällt dir ein, meine schönste Rose zu stehlen?“, fauchte das Biest. „Ist das deine Art, mir meine Gastfreundschaft zurückzuzahlen?“

„Ich wollte doch nur eine Rose für meine jüngste Tochter pflücken“, sagte der Kaufmann.

„Das kümmert mich nicht“, sprach das Biest. „Für dieses Verbrechen wirst du büßen. Von nun an bist du mein Gefangener und darfst das Anwesen nicht verlassen.“

Der Kaufmann dachte an

seine armen Töchter, die ohne ihn zweifellos verhungern müssten, und flehte um Gnade. Das Biest ließ sich schließlich darauf ein, ihn gehen zu lassen – vorausgesetzt, dass eine der Kaufmannstöchter an seiner Stelle in seinen Palast käme. Schweren Herzens kehrte der Kaufmann heim. Nachdem er seine Geschichte erzählt hatte, bestand die Schöne darauf, bei dem Biest leben zu wollen. Unwillig und erst nach erbittertem Streit willigte der Kaufmann schließlich ein.

Als er die Schöne in den Palast brachte, standen die Zimmer genauso leer wie zuvor. Nach dem Abendessen erschien jedoch das Biest. Die Schöne hatte noch nie etwas so Abstoßendes gesehen, aber sie versuchte, ihre Furcht zu verbergen.

„Du bist also gekommen, um deinen Vater zu vertreten“, sagte das Biest mit freundlicher Stimme. „Du liebst ihn wohl sehr.“

„Ja“, sagte die Schöne und versuchte, nicht vor ihm zurückzuschrecken.

„Du bist ein liebes Mädchen“, sagte das Biest. „Ich werde dich gut behandeln.“

Der Kaufmann merkte, dass das Biest die Schöne freundlich aufnahm und brach leichteren Herzens wieder auf.

Und so begann das neue Leben der Schönen. Tagsüber war sie allein im Palast, aber abends leistete das Biest ihr Gesellschaft. Nach einer Weile hatte die Schöne das Biest recht lieb gewonnen und freute sich auf die Abende.

Bevor das Biest sie nachts allein ließ, fragte es jeden Abend: „Schöne, willst du mich heiraten?“

Und die Schöne antwortete stets höflich: „Nein danke, Biest.“

Dann seufzte das Biest und ging, aber am nächsten Abend fragte es wieder, und die Schöne antwortete erneut: „Nein danke, Biest.“

Die Schöne war traurig, weil sie das Biest unglücklich machte, aber so ein hässliches Wesen konnte sie einfach nicht heiraten.

Die Schöne lebte noch nicht lange in dem Palast, als sie Heimweh bekam. Als das freundliche Biest dies bemerkte, schenkte es ihr einen verzauberten Spiegel.

Die Schöne konnte in dem Spiegel jederzeit ihre Familie sehen. So wusste sie stets, was sich im Haus ihres Vaters ereignete. Die Schöne schaute täglich in den Spiegel und freute sich, dass es ihrer Familie gut ging. Der Vater war mit den Schwestern in die prächtige Villa zurückgezogen, und seine Geschäfte liefen gut. Ihre eitlen Schwestern hatten später geheiratet und waren ausgezogen. Die Schöne freute sich für sie, bedauerte jedoch, dass sie selbst nie eine Braut sein würde. Eines Tages aber empfand die Schöne besonders starkes Heimweh. Sie schaute in ihren Spiegel, um sich aufzuheitern, aber das Bild versetzte ihr einen furchtbaren Schreck. Sie sah ihren Vater krank im Bett liegen, und ihre Schwestern weinten an seiner Seite. Als das Biest an jenem Abend kam, merkte es sofort, dass etwas nicht stimmte, und fragte die Schöne, was sie bekümmerte. Die Schöne erklärte es ihm und flehte es an, ihr einen Krankenbesuch bei dem Vater zu erlauben. Das Biest dachte lange nach und gestattete ihr schließlich den Besuch, vorausgesetzt, dass sie nicht lange blieb.

Als die Schöne am nächsten Morgen erwachte, befand sie sich nicht im Palast des Biestes, sondern in der Villa ihres Vaters. Als dieser sie erblickte, ging es ihm direkt besser, und seine Heilung schritt deutlich voran.

Einige Wochen nach seiner Genesung dachte die Schöne wieder an das Versprechen, das sie dem Biest gegeben hatte. Sie schaute in den Zauberspiegel und erschrak, als sie das Biest sah, das allein im Sterben lag. Auf der Stelle ließ sie sich von ihrem Vater zum Palast des Biestes zurückbringen. Als sie ankam, lag das Biest zwischen den Kletterrosen, die es so sehr liebte. „Du darfst nicht sterben“, rief die Schöne weinend. „Ich kann ohne dich nicht leben.“

„Ich dachte schon, du hättest mich vergessen und würdest nie wieder zurückkommen“, sagte das Biest. „Ohne dich wollte ich nicht weiterleben.“

„Verzeih mir“, schluchzte die Schöne. „Als ich gesehen habe, wie krank du bist, habe ich gemerkt, dass ich dich liebe. Ich möchte dich heiraten, wenn du mich noch haben willst.“

Kaum hatte die Schöne diese Worte geflüstert, verwandelte sich das Biest in einen stolzen Prinzen!

Der Prinz erklärte ihr rasch, dass eine böse Hexe ihn in ein Biest verzaubert hatte, und dass der Zauber nur durch die Liebe eines Mädchens, das ihn heiraten wollte, hatte gebrochen werden können.

Die Schöne freute sich sehr über den stolzen Prinzen und konnte es nicht abwarten, ihrem Vater von dieser glücklichen Fügung zu berichten. Bei ihrer Hochzeit, die kurz darauf stattfand, trug die Schöne einen Strauß Rosen von dem Kletterrosenstrauch des Prinzen im Arm.

So ein Affentheater

Im Dschungel gab es Ärger. Irgendwer hatte Papa Pavian seine dicke Melone gestohlen, und Löwe glaubte, den Dieb zu kennen. Er beschloss, Affe einen Besuch abzustatten.

Als Affe Löwe kommen hörte, wollte er die Melone hinter seinem Rücken verstecken. Die Frucht war aber doppelt so dick wie sein magerer kleiner Körper und lugte gut sichtbar an beiden Seiten hervor.

Löwes Augen funkelten wütend.

„Affe“, brüllte er, „hör sofort damit auf! In meinem Dschungelreich stiehlt kein Tier von einem anderen. Wenn du so weitermachst, verbanne ich dich.“

Affe war sauer und schwang sich über die Bäume durch den Dschungel. Unterwegs sah er Elefant, der mit einer riesigen Bananenstaude auf dem Rücken durch den Wald trottete. Die reifen Bananen sahen köstlich aus, und Affe lief das Wasser im Munde zusammen. Aber Löwe würde wütend werden, wenn er Elefant die Bananen stahl! Er wollte nicht aus dem Dschungel verbannt werden wie Gepard, der vor einigen Monaten eine Antilope gerissen hatte. Was sollte ein Affe denn ohne Dschungel machen?

Während er missmutig am Ufer entlanglief, tauchten zwei Augen, ein Maul und zwei Ohren aus dem Wasser.

„Hallo, Affe“, rief Hippo freundlich.

Affe hatte keine Lust, sich zu unterhalten, beachtete das Flusspferd nicht und lief weiter.

„Aua!“, sagte er auf einmal, weil er mit einem Zeh in einem hohlen Baumstamm stecken geblieben war. Er holte den Baumstamm, der halb im Wasser lag, heraus und drehte ihn um. Er erinnerte ihn an irgendwas. Na klar! Das sah genauso aus wie Hippo! Er legte sich

den Baumstamm auf den Kopf und betrachtete kichernd sein Spiegelbild im Wasser. Ihm war gerade etwas Tolles eingefallen.

Als Hippo am nächsten Morgen seinen Kopf aus dem Wasser steckte, trottete Elefant schon am Ufer auf und ab.

„Hippo!“, trompetete Elefant. „Was fällt dir ein, meine Bananen zu stehlen! Die Buschbabys haben dich letzte Nacht dabei beobachtet, wie du mit meinen Bananen davongeschlichen bist!“

„Das war ich nicht!“, protestierte Hippo. „Ich mag überhaupt keine Bananen. Und selbst wenn, dann wären meine Beine doch viel zu kurz, als dass ich an die Äste drankäme.“

Aber Elefant hörte gar nicht richtig zu. Er stampfte zurück in den Dschungel, wobei er so viele Pflanzen und Sträucher zertrat, dass die kleinen Tiere rasch aus seiner Nähe flohen.

Affe saß hoch oben im Mangobaum, neben sich die Hippomaske. Er schälte genüsslich eine Banane und lachte in sich hinein.

Am nächsten Morgen bekam Hippo Besuch von Löwe. „Hippo!“, brüllte er. „Krokodil ist unglaublich

wütend! Mehrere nachtaktive Tiere haben gesehen, wie du gestern ihre Eier weggenommen hast. Noch so ein Vorfall, und ich verbanne dich aus dem Dschungel!"

„Das war ich nicht!", widersprach Hippo. „Ich habe die ganze Nacht geschlafen. Außerdem kann ich Krokodil-eier nicht ausstehen." Aber Löwe war schon wieder in den Dschungel zurückstolziert.

Hoch oben im Mangobaum zerbrach Affe ein Ei und kicherte.

Am nächsten Tag berief Löwe eine Versammlung ein. „Wir haben ein Problem", erklärte er den Tieren mit ernster Stimme. „Gepard ist in den Dschungel zurückgekehrt."

Furchtsames Gemurmel durchlief die Versammlung der Tiere.

„Euch allen ist bekannt", fuhr Löwe fort, „dass keiner sich in Sicherheit fühlen kann, wenn Gepard in der Gegend ist. Ihr müsst alle besonders gut aufpassen."

Während Löwe seine Ansprache hielt, döste Affe auf seinem Baum. Seine mitternächtlichen

Jagdzüge hatten ihn ermüdet.

In der Nacht hielt Affe sich seine Hippomaske vor und brach auf in den Dschungel. Er kicherte, als er Strauß an der Grenze zwischen Bäumen und Savanne schlafen sah. So ein dummer Vogel! Der würde sich ganz schön erschrecken, wenn er am nächsten Morgen seine Schwanzfedern suchen müsste.

Als Affe sich an Strauß anschlich, kam ein anderes Tier leise durch das hohe Gras auf der anderen Seite. Das Gras stand so hoch, dass Affe Gepard nicht sehen konnte, und auch Gepard konnte Affe nicht sehen, bis sie beinahe übereinander fielen. Als die beiden Tiere ineinander krachten, wachte Strauß laut kreischend auf, und Affe ließ ein furchtsames leises Heulen hören. Das leise Heulen fand ein Echo in der Hippomaske und grollte darin herum, und als es dann herauskam, hörte es sich an wie ein tiefes, lautes,

ROOOOARRR!

Affe hüpfte zurück in die Bäume, aber Gepard flüchtete, fest entschlossen, nie wieder in diesen Teil des Dschungels zurückzukehren. Es verbreitete sich die Nachricht, dass Hippo Strauß gerettet und Gepard so erschreckt hatte, dass er weggelaufen war. Löwe führte alle Tiere zum Flussufer.

„Hippo!“, rief er. „Bist du da?“ Als Hippo die Tiere am Ufer versammelt sah, wurde ihm das Herz schwer. Er überlegte abzutauchen und am Grund des Flusses zu bleiben, entschloss sich aber dann, es doch lieber gleich hinter sich zu bringen.

„Ja, Löwe“, antwortete er leise.

„Hippo“, sagte Löwe, „Strauß hat uns erzählt, wie du letzte Nacht Gepard verjagt hast. Du bist das mutigste Tier im Dschungel.“

„Aber, Löwe ...“, sagte Hippo.

„Kein Wort mehr“, sagte Löwe und hielt ihm seine Pranke hin. Sie sangen Lieder über den mutigen Hippo und versprachen, ihm täglich das leckerste Essen des Dschungels zu bringen. Affe beobachtete das alles von seinem Ast im Mangobaum. Nach Lachen war ihm nicht mehr zumute.

Das Frühlingseinhorn

Weit hinter den Weltmeeren liegt das Zauberland Faria. Das Volk von Faria ist immer glücklich, denn die Sommer sind lang, auch im Herbst ist stets gutes Wetter, der Frühling ist die reine Freude, und die Winter sind kurz und nicht besonders kalt.

Es ist so schön dort, und das Getreide gedeiht so gut, dass die Leute in Faria wenig zu tun haben und immer in der Sonne spielen können. Sie arbeiten nicht viel und verbringen ihre Tage mit Spielen, Feiern, Musik und Geschichtenerzählen. Man könnte sagen, sie seien faul, aber das wäre ihnen auch egal, denn sie sind einfach glücklich.

Es gab aber ein Jahr, in dem es anders war. In jenem Jahr war das Volk in Faria überhaupt nicht glücklich. Im Gegenteil: Alle machten sich Sorgen, denn der Frühling hätte schon zwei Wochen zuvor beginnen sollen – nur kam er nicht. Der Schnee schmolz nicht, die Seen blieben zugefroren, die Vögel bauten keine Nester, und die Blumenknospen auf den Bergwiesen wollten sich nicht öffnen.

„Es ist nicht gut genug!“, sagte der König. „Wir müssen etwas unternehmen.“ Er versammelte die Mitglieder des Großen Rates in seinem Palast. „Was könnte hier falsch laufen?“, fragte er sie. „Was ist dem Frühling zugestoßen?“

Die Männer und Frauen des Großen Rates schüttelten den Kopf, denn sie wussten darauf nicht zu antworten. Nur der Älteste und Weiseste von ihnen stand auf. „Es liegt daran, dass das Frühlingseinhorn, der Frühlingsbote, in diesem Jahr

Faria noch nicht besucht hat", erklärte er. „Ohne sein Erscheinen kann es nicht Frühling werden."

Der König und die anderen Ratsmitglieder sahen sich an und runzelten die Stirn.

„Und warum ist das Frühlingseinhorn nicht nach Faria gekommen?", fragte der König. „Mag es uns nicht mehr?"

„Es könnte daran liegen, dass wir zu sehr damit beschäftigt sind, uns zu vergnügen. Wir haben uns noch nie beim Frühlingseinhorn für seine Gaben bedankt. Vielleicht denkt es, dass wir faul sind und es nicht verdienen, in so einem wunderschönen Land zu leben", gab der weise Mann zu bedenken.

„Das müssen wir sofort richtig stellen", sagte der König. „Alle Leute müssen sofort aus ihren warmen Häusern kommen und anfangen zu arbeiten. Sie müssen, hmmm, sie müssen, hmmmm ..."

Der König wollte aufzählen, was sein Volk tun sollte, wenn es an die Arbeit ging – aber da er von Arbeit keine Ahnung hatte, fiel ihm auch nichts dergleichen ein. Schließlich sagte er nur: „Sie müssen, na ja, ihr wisst schon, sie müssen geschäftig sein und etwas tun, arbeiten und solche Sachen."

Also ging das Volk von Faria an die Arbeit, weil der König es angeordnet hatte. Erst wussten sie nicht, was sie tun sollten. Dann lasen sie im Lexikon nach und fanden heraus, was Arbeit bedeutete. Das gefiel ihnen überhaupt nicht, und sie murrten nicht wenig. Wie aber die Zeit verging, entdeckten sie, dass es eigentlich ganz schön war, etwas zu tun. Sie befreiten ihre Gartenwege von Schnee, reparierten undichte Dächer und füllten die Löcher in den Straßen auf. Und dabei konnten sie

immer noch singen und lachen, wie sie es getan hatten, bevor der Frühling nicht kommen wollte und der König sie zum Arbeiten angehalten hatte.

Dennoch schneite es weiter, die Seen tauten noch immer nicht, die Vögel bauten keine Nester, und die Blumen blühten nicht.

„Woran kann es denn noch liegen?“, fragte der König den alten weisen Mann im Großen Rat.

„Vielleicht weiß das Frühlingseinhorn gar nicht, wie hart wir arbeiten", sagte der Weise.

„Nun, dann muss man dem Frühlingseinhorn eben Bescheid sagen", fauchte der König und stampfte mit dem königlichen Fuß auf.

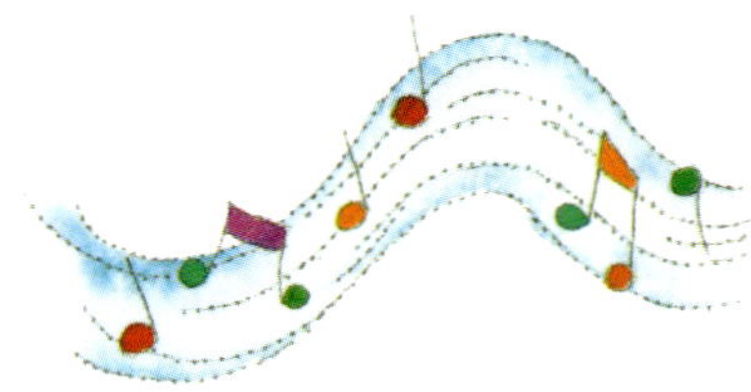

Noch am gleichen Tag wurden Boten ausgesandt, die im ganzen Land Zettel aufhängten, die verkündeten, dass derjenige, der das Frühlingseinhorn fand und ihm erklären könne, wie hart die Farianer arbeiteten, so viel Gold bekäme, wie er sich nur wünschen könne.

Nur wusste niemand, wo das Frühlingseinhorn lebte, und keiner war so mutig, loszugehen und es zu suchen. Keiner außer einem armen Musiker, den alle unter dem Namen Pfeifer kannten.

„Ich kann den Winter nicht mehr sehen, und ich habe nichts Besseres zu tun. Da kann ich auch losgehen und das Frühlingseinhorn suchen", dachte sich der Pfeifer. Er nahm seine Flöte und brach auf. Er reiste weit und spielte währenddessen Flöte, um sich selbst bei Laune zu halten. Beim Spielen tanzten die Noten vor ihm her und führten ihn weiter und weiter über alle Weltmeere und die höchsten Berge.

„Ich folge den Noten meiner Musik, wohin sie mich auch führen mögen", dachte er bei sich.

Endlich kam er in ein Tal, wo noch nie jemand gewesen war. Hier war das Frühlingseinhorn zu Hause.

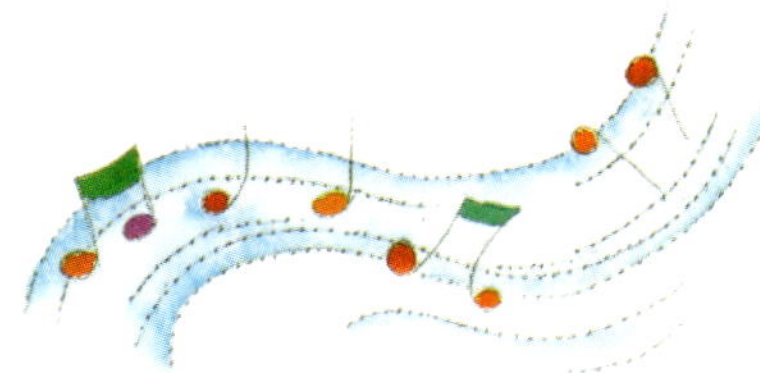

„Du lebst nicht hier", rief eine laute Stimme. „Wie hast du, ein geringer Farianer, hierher gefunden?"

„Ich habe Flöte gespielt und bin den Noten gefolgt", erklärte der Pfeifer und spielte rasch eine Melodie.

Seine Musik hörte sich so schön an, dass sich innerhalb von wenigen Minuten eine Herde von zauberhaften Einhörnern um ihn versammelte und ihm etwas vortanzte. Als er die Flöte schließlich von den Lippen nahm, trabte ein Einhorn auf ihn zu. Es stellte sich als das Frühlingseinhorn vor.

„Warum bist du hier?", fragte das Frühlingseinhorn.

„Weil du dieses Jahr nicht nach Faria gekommen bist", erklärte der Pfeifer.

„Ha!“, rief das Frühlingseinhorn. „Ich hatte keine Lust, nach Faria zu kommen, weil das Volk von Faria so faul ist und meinen schönen Frühling gar nicht verdient.“

„Aber das stimmt gar nicht mehr“, berichtigte es der Pfeifer. „Wir sind nicht mehr faul und dennoch haben wir Zeit zum Glücklichsein, Geschichtenerzählen und Musizieren, sogar bei der Arbeit.“

Als er ausgesprochen hatte, nahm er wieder die Flöte und spielte die lieblichste Melodie, die das Frühlingseinhorn je gehört hatte.

„Vielleicht hast du Recht“, sagte es, als das Lied zu Ende war. „Weißt du, was ich tun werde? Wenn du auf der Reise nach Faria schöne Musik flötest, komme ich mit, und wir schauen mal, ob das Volk weiterhin faul ist oder nicht.“

„Können wir fliegen, ich auf deinem Rücken?“, fragte der Pfeifer hoffnungsvoll.

„Nein“, sagte das Frühlingseinhorn. „Fliegen geht viel zu schnell, ich hätte gar nicht genug Zeit, deiner Musik zu lauschen. Wir nehmen den gleichen Weg, den du gekommen bist.“

„Mist“, dachte der Pfeifer, dem schon die Beine wehtaten von der langen

langen Strecke, die er auf seiner Suche nach dem Frühlingseinhorn zu Fuß zurückgelegt hatte. Trotzdem erklärte er sich natürlich mit den Bedingungen des Frühlingseinhorns einverstanden.

Der Pfeifer lief also den Weg zurück, den er gekommen war, und spielte die ganze Zeit schöne Musik, damit das Frühlingseinhorn auch mitkam. Schließlich gelangten sie in die Berge oberhalb Farias.

„Sieh mal", sagte der Pfeifer und zeigte nach unten auf das Dorf. „Sieh mal, wie hart die Leute arbeiten." Das taten sie wirklich. Manche schippten den Schnee aus ihren Gärten – allerdings fiel ständig Neuschnee, der alles wieder zudeckte. Andere schaufelten den Schnee von den Straßen, aber sobald sie sich ein wenig ausruhten, war alles wieder weiß. Wieder andere reparierten undichte Stellen auf den Dächern,

aber sobald sie fertig waren, entstanden durch den weiter fallenden Schnee neue Löcher.

„Stimmt, sie arbeiten“, sagte das Frühlingseinhorn. „Und das macht ihnen wirklich Spaß?“

„Hör mal zu“, antwortete der Pfeifer. Das Frühlingseinhorn lauschte. Vom Dorf erklangen Lachen und Gesang bis in die Berge, auch ein Pfeifen war zu hören.

„Ja“, sagte der Pfeifer, „ich würde schon sagen, dass es ihnen Spaß macht.“

„Ich glaube, du hast Recht“, sagte das Frühlingseinhorn. „Ihr sollt euren Frühling zurückbekommen, und ich werde jedes Jahr einen neuen

Frühling bringen, solange die Menschen hier glücklich und zufrieden bleiben und nie wieder faul werden."

So geschah es, und so ist es immer noch. Jedes Jahr zieht der Frühling in Faria ein, und die Menschen sind glücklich und zufrieden. Sie arbeiten jetzt mehr als früher, aber auch nicht zu viel. Sie feiern immer noch zusammen und haben Zeit zum Musizieren und Geschichtenerzählen.

Und der Pfeifer? Er lehnte das Gold des Königs ab, weil er lieber dem Frühlingseinhorn helfen wollte. Und deshalb wird der Frühling in Faria immer mit der schönsten Musik eingeläutet, die man sich überhaupt vorstellen kann.

Nuri, der nette Hai

Tief unten im blauen Meer lebte ein kleiner Hai namens Nuri. Er sah zwar so gefährlich aus wie andere junge Haie, aber unter der harten Schale steckte ein weicher Kern. Das war schon so,

als er noch ein Baby war. Während die anderen Haibabys furchtlos umherschwammen, blieb Nuri immer an der Seite seiner Mutter.

„Sei nicht so ein Waschlappen!“, flüsterte sie und versuchte, die anderen Mütter nicht zu beachten, die bei jeder Begegnung kicherten.

Es wurde auch nicht besser, als Nuri zur Schule kam. Die anderen Haie waren ihm zu grob und zu unfreundlich, deshalb blieb er in den Spielpausen lieber allein.

„Kann ich denn nicht mit anderen Meerestieren spielen?“, fragte er seine Mutter.

„Nuri, du bist ein Hai“, antwortete seine Mutter freundlich. „Haie spielen mit anderen Haien. Ich will nicht, dass du dich mit alten Kraken oder Aalen herumtreibst. Die anderen Haie würden sich über dich lustig machen.“

Nuri war traurig. Er hätte sich gerne mit den Kraken angefreundet, die vier verschiedene Ballspiele gleichzeitig spielen konnten. Oder mit den Aalen, die sich einen Spaß daraus machten, sich gegenseitig als Springseile zu benutzen. Nicht, dass er es nicht versucht hätte.

Einmal war er hinter jungen Kalmaren hergeschwommen, die sich gegenseitig mit Tinte bespritzten und sich dabei köstlich amüsierten. „Hallo“, sagte Nuri voller Hoffnung und lächelte breit. „Ahhhh!“, kreischten die Kalmare und spritzen Nuri Tinte ins Gesicht, bevor sie so schnell davonquirlten, wie ihre Arme es zuließen. Traurig schwamm ein mit Tinte eingefärbter Nuri zu seiner Mutter zurück. Wohin er auch kam, überall passierte dasselbe. Beim Anblick seines breiten Grinsens, bei dem er all seine schönen Zähne zeigte, flüchteten die Meeresbewohner in ihre Höhlen und Spalten oder versteckten sich hinter ihren Müttern. Deshalb verbrachte Nuri seine Tage meist damit, allein herumzuschwimmen.

Eines Tages, als er gerade die Felsen in der Nähe des Strandes untersuchte, fiel ihm etwas auf. Ein großer blauer Delfin hatte sich in einem Netz verfangen und zappelte beim Versuch, sich zu befreien.

Als er Nuri sah, zappelte er noch mehr und sah ihn ängstlich an.

„Bitte beiß mich nicht!“, flehte er.

„Ich will dich doch gar nicht beißen“, sagte Nuri beleidigt. „Ich wollte fragen, ob du Hilfe brauchst.“

Der Delfin betrachtete Nuris scharfe Zähne und schnappte nach Luft. Dann bemerkte er Nuris freundliche Augen. Wer solche Augen hatte, konnte nicht wirklich gefährlich sein.

„Du könntest vielleicht ein Loch in dieses Netz machen“, schlug der Delfin schüchtern vor. „Bei deinen Zähnen dürfte das eigentlich nicht so schwer sein.“ Nuri biss sich blitzschnell durch das Netz, und der Delfin schwamm heraus. „Danke!“, rief er noch, bevor er mit dem Schwanz schlug und davonschoss.

Nuri schwamm hinter ihm her und beobachtete

voller Bewunderung, wie er anmutig an die Wasseroberfläche schwamm und weit aus dem Wasser sprang.

Als sie später nebeneinander her schwammen, erzählte der Delfin Nuri, wie er den Leuten am Strand eine Freude machte, indem er durch Reifen sprang und sie auf sich reiten ließ.

„Das kann ich auch!“, dachte Nuri und folgte dem Delfin an den Strand. Seine Augen funkelten in glücklicher Erwartung, als er sich die Gesichter der Kinder vorstellte, wenn er sie auf seinem Rücken reiten ließe oder ihnen einen Salto rückwärts vorführte.

Es war heiß und am Strand tummelten sich viele Schwimmer.

„Jetzt geht's los“, dachte Nuri und streckte den Kopf aus dem Wasser. „Wer möchte als Erster auf mir reiten?“

Offensichtlich wollte aber niemand auf

ihm reiten. Stattdessen rannten alle fort und kreischten, niemand wollte ihm zu nahe kommen.

„Schwimm zurück, Nuri!", rief der Delfin. „Merkst du nicht, dass die Leute eine riesige Angst vor Haien haben?"

Wieder einmal schwamm der kleine Hai traurig davon, ohne neue Freunde gewonnen zu haben. „Ich werde wohl nie einen Freund haben", schnüffelte er weinerlich. „Da kann ich auch gleich allein bleiben." Er tauchte und schwamm seine Runden. Nuri war schon weit draußen auf See, als er Hilferufe hörte. Er schaute nach oben und sah über sich eine Luftmatratze treiben. Aufgeregt streckte er seinen Kopf aus dem Wasser und fand sich Auge in Auge mit einem kleinen Mädchen wieder.

„B ... bist du ein H ... Hai?", stotterte sie erschreckt. Vor Haien hatten ihre Eltern sie nachdrücklich gewarnt.

„Hab keine Angst", sagte Nuri rasch,

als er die Furcht in ihren Augen sah. „Ich tue dir nichts. Ich bin ein netter Hai."

Nuri lächelte sie sanft und hoffnungsvoll an. Es war ein ziemlich seltsames Lächeln, weil er sich bemühte, seine Zähne nicht zu zeigen, aber das kleine

Mädchen schien sich zu beruhigen. Sie streckte die Hand aus und streichelte seinen Rücken. „Oooh", kicherte sie, „deine Haut ist ja ganz kratzig."

„Was machst du nur so weit vom Strand entfernt?", fragte Nuri.

„Ich bin abgetrieben worden", sagte das kleine Mädchen traurig. „Mama hat immer gesagt, ich solle aufpassen, aber ich habe es vergessen. Sie wird bestimmt wütend", sagte sie ahnungsvoll.

„Warte mal", sagte Nuri und tauchte. Er brachte ihr ein Stück von dem Fischernetz, in dem sich der Delfin verfangen hatte. „So müsste es gehen", sagte er, „Wirf mir das Netz um den Hals und halte es fest."

In Erinnerung an das Durcheinander, das er kurz zuvor verursacht hatte, blieb Nuri unter Wasser, bis er das kleine Mädchen an den Strand zurückgebracht hatte. Erst als ihr Vater sie in den Arm nahm, streckte er den Kopf aus dem Wasser und zeigte sein Furcht erregendes Lächeln.

„Ein Hai", sagte die Mutter des kleinen Mädchens mit einem leisen Stöhnen. Sie schaute Nuri an, der noch das Netz um den Hals trug. „Ein Hai hat unsere Tochter gerettet."

Danach war Nuri der Star am Strand. Er ließ die Kinder auf sich reiten und jagte seinen Freund, den Delfin, nach Herzenslust durch die Bucht. Manchmal machten sich andere Haie darüber lustig, dass er so nett war, aber Nuri störte sich nicht länger daran – er hatte mehr Freunde als jeder andere Hai im Meer.

Was Nuris Mutter anging, nun, sie war doch stolz auf ihren Sohn. Schließlich war er kein gewöhnlicher Hai. Er war viel netter!

Rotkäppchen

Es war einmal ein kleines Mädchen, das mit seiner Mutter in einem kleinen Häuschen am Waldrand wohnte. Die Großmutter des Mädchens hatte ihr einen schönen roten Umhang mit Kapuze genäht, sodass alle sie Rotkäppchen nannten.

Eines Tages bat Rotkäppchens Mutter sie, ihrer Großmutter einen Korb mit Essen zu bringen, weil es der Großmutter nicht gut ging. Sie lebte auf der anderen Seite des großen Waldes. Das Wetter war schön, und Rotkäppchen besuchte ihre Großmutter gerne; sie winkte ihrer Mutter fröhlich zum Abschied und machte sich auf den Weg.

Rotkäppchen war noch nicht weit gelaufen,

da blieb sie stehen, um Blumen für die Großmutter zu pflücken. In diesem Augenblick kam ein böser Wolf vorbei und sagte: „Hallo Rotkäppchen, wo willst du denn hin?"

„Zur Großmutter auf der anderen Seite des Waldes", antwortete Rotkäppchen, der niemand beigebracht hatte, dass man mit Fremden besser nicht sprechen sollte. „Es geht ihr nicht gut, deshalb bringe ich ihr etwas zu essen und diesen Blumenstrauß."

„Du bist aber ein liebes Mädchen", schnurrte der Wolf und versuchte, sein schlaues Grinsen zu verbergen. „Nun, ich muss weiter. Bis bald!"

„Das war aber ein lieber Wolf, auch wenn er es ein bisschen eilig hatte“, dachte Rotkäppchen, als sie ihn davonspringen sah. Dann aber vergaß sie den Wolf wieder und lief weiter durch den Wald.

Der Wolf, der kein bisschen lieb war, rannte unterdessen zu dem Häuschen, in dem Rotkäppchens Großmutter wohnte. „Prima“, dachte er, als er durchs Fenster schaute und die Großmutter im Bett liegen sah. „Das ist ja schon fast zu einfach.“ Er leckte sich die Lippen und rieb sich den grollenden Bauch.

„Hallo!“, rief er und klopfte.

„Bist du das, Rotkäppchen?“, krächzte die Großmutter heiser. „Komm rein, die Tür ist offen. Ich habe schon auf dich gewartet.“

Der böse Wolf drang in das Häuschen ein und verschlang die Großmutter mit einem einzigen Haps. Dann zog er blitzschnell ihr zweites Nachthemd und ihre Schlafmütze an und sprang ins Bett.

Wenige Minuten später klopfte Rotkäppchen an die Tür. Der Wolf zog sich die Decke bis ans Kinn und rief mit verstellter Stimme: „Komm rein, Liebes, die Tür ist offen.“

Rotkäppchen trat ein und sagte: „Ich habe dir was Leckeres mitgebracht und ...“

Rotkäppchen blieb wie angewurzelt stehen, als sie ihre Großmutter sah.

„Großmutter, was hast du für große Augen!“, rief sie ein wenig ängstlich.

„Damit ich dich besser sehen kann“, antwortete der hinterhältige Wolf.

„Großmutter, was hast du für große Ohren!“, flüsterte sie. Inzwischen fürchtete sie sich sehr.

„Damit ich dich besser hören kann, Liebes“, sagte der Wolf, der am liebsten gekichert hätte.

„Großmutter, was hast du für große Zähne!“, quiekte das Mädchen entsetzt.

„Damit ich dich besser FRESSEN kann!“, brüllte der Wolf und sprang aus dem Bett. Bevor er sie auffraß, konnte Rotkäppchen noch einmal laut und durchdringend schreien.

Im Wald hörte ein Holzfäller diesen lauten Schrei und lief los, um nachzusehen, was passiert war.

Er stürmte in das Häuschen, wo sich der gierige Wolf zufrieden die Lippen leckte. Blitzschnell schwang der Holzfäller seine Axt und tötete den Wolf mit einem einzigen Hieb. Dann zog er sein Messer und schlitzte dem dicken Wolf den Bauch auf.

Rotkäppchen und ihre Großmutter sprangen aus dem Bauch heraus und die Großmutter freute sich so, dass sie den Holzfäller zum Tee einlud.

Von jenem Tag an sprach Rotkäppchen nicht mehr mit Fremden – schon gar nicht mit solchen, die große Augen, Ohren und Zähne hatten!